何をしなくとも

勝手に復活する日本経済

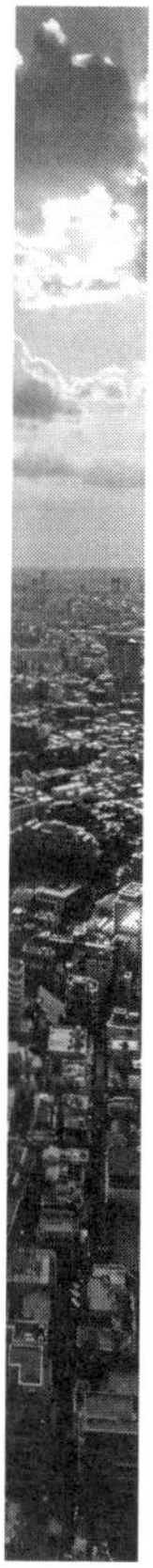

上念 司

Jonen Tsukasa

ビジネス社

はじめに

ついにインフレ目標達成か？　総務省統計局が発表した2022年11月の消費者物価指数は変動の大きい生鮮品とエネルギーを除いたコアコアCPIで2・8％になった。日銀がずっと目標にしてきたインフレ目標2％は達成された……かに見えた。

ところが、日銀はまだ達成できていないという。このインフレ率は国際商品市況の値上がりによる見せかけのインフレ率であり、市況が落ち着いてくれれば萎んでしまうという。だから、日銀は物価上昇率が目標を越えても未だ金融緩和を続けている。

2022年12月にはイールドカーブコントロールの変動幅を0・25％から0・5％に拡大するというサプライズもあった。事前に完璧な情報統制を敷いて、マスコミから一切リーク記事が出なかったせいで、市場参加者は度肝を抜かれた。とくに、特ダネを逃したマスコミの怨嗟の声は大きく、日銀に対する風当たりも強くなったように思う。

とはいえ、『日本経済新聞』に日銀を批判する資格はあるのか？　私は極めて疑問のように思う。日経新聞のような自称「経済専門紙」ですら、記者の経済に対する知識は極めて残念なレベルである。基本的には財務省や日銀から情報をリークしてもらい、それをコピペして記事にしているだけだ。日経ですらこのザマ。況《いわん》や一般紙においてを乎《や》。そんな記者らにまともな経済解説記事など書けるわけがない。

そんなド素人が書いた記事の一例を示そう。日経新聞は２０２２年の春ごろから一貫して「悪い円安」を煽り立てた。その最終局面で登場したのが次の記事だ。

尾を引く「悪い円安」　物価・景気、来年も不安なお
編集委員　小栗太　２０２２年11月22日 17：35（２０２２年11月22日 19：44更新）

春以降の急激な円安・ドル高が一服している。これまでは円安による輸入物価の高騰が国内の値上げラッシュをあおり、景気停滞を招く要因になっていた。だが円安圧力が弱まっても、物価や景気が一気に改善に向かうシナリオは描きづらい。「悪い円安」の余波が予想以上に尾を引く可能性があるからだ。

（https://www.nikkei.com/article/DGXZQOUB222QF0S2A121C2000000/）

記事の日付に注目してほしい。この記事は２０２２年11月22日に公開された記事だ。円相場が１ドル１５０円48銭の最高値を付けたのは２０２２年10月21日。記事が公開された時点で、すでにこの最高値から9円ほどドル安円高に振れていたのだが、未だに「悪い円安」と煽っている。この記事のヘッドラインを忘れないうちに、次の記事を読んで欲しい。今度は「悪い円高」と言い出した！（笑）

実質金利上がる「悪い円高」、国債バブル揺るがす

日経ＱＵＩＣＫニュース（ＮＱＮ）編集委員　永井洋一　２０２３年1月13日 15：01

昨年12月20日の日銀による長期金利の許容変動幅の拡大、いわゆる事実上の利上げ以降、外国為替市場で円高・ドル安が進んでいる。日本国債バブルの崩壊、すなわち財政破綻の最初の前兆は円安ではなく、円高なのだろうか。日米金利差縮小の裏側を読み解くと、その可能性は排除できない。

今年初の金融政策決定会合を来週17、18日に控え、追加の変動幅拡大への思惑が強まっている。日銀のコントロールが及びにくいところから、市場の動揺は始まっている。

（https://www.nikkei.com/article/DGXZQOFL00022_T10C23A1000000/）

この記事は２０２３年1月13日に公開されている。なんと、前の記事から2カ月も経たぬうちに「悪い円安」は「悪い円高」に変わったらしい。なぜそうなったのか？　記事を熟読してみたがよく分からなかった。説明責任の放棄だろうか？

日経新聞に代わって私が円相場の動きを解説しよう。経済学の知見に基づけば、一連の動きは日米の中央銀行の政策スタンスの差とその変化によって簡単に説明が可能だ。

まず、大前提として、アメリカの中央銀行であるＦＲＢも日本の中央銀行である日銀も、望ましいインフレ率を実現するために金融政策を運営している。両国ともに目標としているインフレ率は２％だ。

新型コロナ感染症への対応のため、２０２０年から両国政府は財政支出を拡大させ、ＦＲＢも日銀も大規模な金融緩和を行った。これらの政策の「副作用」はインフレ率の上昇だ。それはまずアメリカから現れる。アメリカのインフレ率は目標を大きく超え、２０２2年6月には９・１％に達してしまった。ところが同年同月の日本のインフレ率は目標２％を大きく下回る１・０％の上昇（生鮮品とエネルギーを除くコアコアＣＰＩ）だった。

アメリカは目標を上回り、日本は目標を下回る。当然、両国が実施する金融政策は逆だ。アメリカは金融引き締め、日本は金融緩和である。結果として日米の金利差は拡大した。市場はそれを過大評価、拡大解釈しまくってその４カ月後に１ドル１５０円台の大台に乗せてしまった。為替取引は自由だから仕方ない。投機的な動きも自由。何でもアリ。しかし、単なる思惑だけで相場は続かない。実際に１ドル１５０円が過大評価であり拡大解釈であったことはほどなくして証明される。

10月21日の最高値から20日ほど経った11月11日、ドル円相場は急激に円高方向に振れ、１ドル１４０円の大台を割った。11月９日には１ドル１４６円台だったドル円相場は、２日後の11月11日には１ドル１３８円まで円高になってしまったのだ。

２０２３年１月17日現在、円相場は１ドル１２８円67銭となっている。昨年11月11日の大暴落からさらに10円の円高である。まさに底割れの展開だ。

日経新聞の煽りがピークに達していた昨年10月ごろにドル買いポジションを仕込んでしまった個人投資家は大損したことだろう。ＦＸであれば、おそらくロスカットルールが発動して損失が確定したと思う。もちろん、投資は自己責任。日経新聞を信じて大損しても、日経新聞は何の責任も取らない。逆に大儲けしても日経新聞に手数料や成功報酬を払う必要がないのと同じように。

日経新聞をはじめとしたメディアの経済記事を信じてはいけない。ましてそれを信じて為替や株の取引を行うなど愚の骨頂。そんなことをしていたら命がいくつあっても足らない。まして、世界経済はデフレモードからインフレモードへの大転換の最中にある今、それをやるのは本当に危険だ。

１９９０年年頭の日経新聞に、「今年、日経平均は5万円に！」という趣旨の景気のいい記事があったことを覚えているだろうか？　よりによって、バブル崩壊という日本の長期停滞の入り口だったこの年にこんな記事を書いた日経新聞は「神」だと思う。もちろん「逆」のつくほうの……。

日経平均は１９８９年12月29日に３万８９１５円の史上最高値を付けた。当時、多くの日本人がこの勢いが永久に続くと思っていた。その期待に応えて日経新聞は年頭に景気のいい話を書いた。ところが、１９９０年、株価は1万円以上の大暴落となった。もちろん、この時も日経新聞は何の責任も取っていない。

メディアは読者が喜ぶ記事を書く。だから、景気のいい時は「もっといけるぞ！」と煽り、景気の悪い時は「もうダメだ！」と煽る。マスコミは存在そのものがノイズ増幅装置なのだ。だから、1990年代のバブル崩壊過程の時は、「この不況は一時的なもので、いずれ日本経済は復活する」と希望的観測を書きまくっていた。そして、いまデフレから完全脱却する過程において、「インフレ怖い！」「景気の先行きが不透明」などと不安を煽っている。彼らの背後にある行動原理は一貫しているのだ。

しかし、だからと言ってメディアが拡散する情報をすべて無視していいわけではない。なぜなら彼らが拡散する大量のノイズの中に、極めて少量の「シグナル」が混ざっているからだ。「シグナル」とは、経済や市場の状況の変化の兆候を表す大事な情報のことだ。これをキャッチできれば、変化を先取りして有利な立場に立てる。

しかし、大量のノイズ（情報、インフォメーション）の中から、シグナルをフィルタリングするのは並大抵のことではない。そして、それを行うためにはインテリジェンス（教養）が必要だ。経済の分野におけるインテリジェンスとは「経済学200年の知見」である。これは公開情報だが、上手に使える人は少ない。内容も難しいので学ぶ途中で挫折してしまう人も多い。さらに、シンプルな素朴理論で何でも断定的に言い切ってくれるトンデモ経済学の方が「分かりやすい」と持て囃される傾向があることも確かだ。しかし、残念ながらトンデモ経済学ではシグナルをフィルターすることは不可能だ。

私個人の話をさせていただこう。私は２０１２年11月の衆議院解散総選挙が決まった日から12月の投票日までほぼ全財産で株を買った（どんな株を買ったかは本文に詳しく書いておいた）。当時、日経平均は８０００円台。その時買った株を２０１８年、日経平均が２万円を優に超えた時点ですべて売却した。なぜ私がそんなリスキーな行動を取れたのか？　絶対に株価が上がるという自信があったのか？　すべては経済学の知見のお陰だ。何の迷いもなかった。

本書は私の体験に根差し、経済学の知見を使って、経済の流れを読み、最終的に資産防衛に生かすにはどうすればいいかというテーマを扱った。インフレへの大転換に不安を覚える方には大いに参考にしていただければ作者として幸甚の極みである。

そして、最後に１つだけ。投資は自己責任である。本書はあくまで参考としてお読みいただき、最終的な判断は読者のみなさんが自分の責任において下すことをお願いしたい。

経済評論家　上念　司

何をしなくとも勝手に復活する日本経済　目次

第２章

インフレ時代、世界はどう変わるのか？

――中国とのデカップリングでモノ不足は当分続く

第3章

インフレ時代の日本の産業
――日本が「世界の工場」を独占する?

第4章 インフレ時代の資産運用術
——債券、株、不動産、コモディティ……どこにどう投資するか

第1章

2023年、日本はついにインフレ時代に突入した！

——現状分析と近未来予測

２０２２年の金融緩和継続は正しかった

２０２２年の日本は、急激な円安に見舞われた。過去5年ほど1ドル＝１１０円前後で安定していた為替レートが、3月には１２０円を突破。その後、円安傾向をさらに強め、7月にいったん落ち着くが、8月から再び急上昇を始め、10月には一時的に１５０円台を突破した。

原因としてもっぱら言われたのが、日米の金利差である。アメリカの中央銀行であるＦＲＢ（連邦準備制度理事会）が、２０２０年3月から行ってきたゼロ金利政策を２０２２年3月に解除、それまで0～0・25％だった政策金利の誘導目標を0・25～0・5％に引き上げた。

5月にも0・5％の引き上げを実施、6月、7月、9月、11月にはそれぞれ0・75％の引き上げを行った。6度にわたる引き上げの結果、11月の誘導目標は3・75～4％にまで上昇した。

一方の日本はゼロ金利・量的緩和政策を継続したため、日米の金利差は大きく広がる。

日本で100万円預けても金利はゼロなのに、アメリカで預ければ1年で4万円の利息がつく。アメリカに預けたほうが得ということで、円売りドル買いの動きが急速に進んだ。その結果としての急激な円安というのが、マスコミなどで言われる理屈である。

そこから日本の一大事とばかり、メディアは「日本も金利を上げろ！」「金融を引き締めろ！」などと声高に叫んだが、これは間違いだ。理由は大きく2つある。1つはアメリカと日本では事情がまったく異なること。もう1つは、日本は変動相場制の国で、円安誘導を目的に金融引き締めをしてはならないからだ。

それぞれ説明しよう。アメリカの金利引き上げは、国内で急上昇するインフレ率を抑制するのが目的だ。アメリカの3月のCPI（消費者物価指数）は、前年同月比で8・5％の上昇だった。4月は8・3％、5月は8・6％、6月に至っては9・1％の上昇である。

10％近いインフレは明らかに行き過ぎで、これを抑えるための金利の引き上げは必要だ。

一方の日本はどうか。9月の消費者物価指数は、価格変動の激しい生鮮食品を除くコアCPIが前年同月比3・0％だった。一般に望ましいとされるインフレ率は2～4％なので一見、目標を達成しているが、コアCPIにはエネルギーも含まれる。

２０２２年２月に始まったロシア・ウクライナ戦争以降、エネルギー価格は高騰している。このエネルギー価格を除いたコアコアCPIで見れば、インフレ率は２・８％（２０２２年11月末時点）であり、未だマイルドなインフレの水準である。

10月時点でもコアCPIが３・６％、コアコアCPIが２・５％で、いずれも目標をクリアしているが、まだ堅調と言うには早い。今後も二度と２％を下回らず、デフレの方向に向かわないと確信できるまで、金融緩和を続ける必要がある。

ここで「円安をどうするんだ！」「金利を引き上げろ！」といった野党やマスコミのプレッシャーに負けて、岸田文雄政権や日本銀行が金融引き締めを行えば、また物価目標を下回りかねない。そうなれば、日銀はまた金融緩和に復帰せざるを得なくなる。

つまり日本には、金利を引き上げる動機がない。むしろ引き上げてはならない段階にいる。インフレに苦しんでいるアメリカとは事情が異なり、アメリカはアメリカの実情に適った金融政策をやればいいし、日本は日本の実情に適った金融政策をやればいい。それだけのことだ。

日本の物価高は、まだまだ許容範囲

本書執筆時点（２０２２年12月）の最新データ（２０２２年11月）によれば消費者物価指数は総合３・８％、コア３・７％、コアコア２・８％である。日銀は現在の物価高はエネルギーや穀物など国際商品市況の高騰によるところが大きいと見ている。現在、これらの価格は低下傾向にあり、２０２３年は物価に下押し圧力がかかる。そのため、前項で述べたように消費者物価指数を見ると、日本はまだまだ物価目標を達成し、二度と目標を下回ることがないと言える状況にはない。にも関わらず「日本はインフレで大変になっている」と喧伝するマスコミは少なくない。

典型が『日本経済新聞』だ。たとえば２０２２年６月25日には「物価上昇、体感は２倍」という見出しで、いかに生活が苦しくなっているかを述べている。

消費者が体感するインフレが加速している。総務省が24日発表した5月の物価上昇率は前年同月比２・５％だった。資源高などで２カ月連続で２％を超えた。内訳を分析すると、よく買うものほど価格高騰が鮮明だ。ガソリンや食品など月１回以上は買う品目は上昇率が５・０％と全体の倍に達する。物価高は統計の見た目以上に家計の重荷となっている可能性がある。

（https://www.nikkei.com/article/DGKKZO62056720V20C22A6EA2000/）

当時の物価は加重平均で０・８％の上昇である。にも関わらず「体感は２倍」と煽っていた。

そもそも「体感」とは気持ちの問題で、気持ちの問題なら何とでも言える。主観でいいなら○倍の部分はどんな数値を代入してもいいわけで、そんなことを「日本のクオリティペーパー」と呼ばれる『日経新聞』の記者が書くのだから、呆れたものだ。

記事では具体例を挙げながら「これだけ物が値上がりしている」と強調している。「ガソリンや食品など月１回以上は買う品目は上昇率が５・０％」もその１つだが、ここで指摘しているのは物価ではなく、個々の価格だ。一方の物価は、さまざまな物やサービスの加重平均値だ。個々の価格を例に「物価上昇」とするのは、用語の基本的な意味を取り違えているとしか言いようがない。

その個々の価格も、5月の消費者物価上昇率は電気代が18・6%、ガソリン代が13・1%とあるが、これらはロシア・ウクライナ戦争等に伴う原油高の影響である。食料品もタマネギが2・25倍、キャベツが40・6%上がったとあるが、これらも天候不順や輸送費の高騰による。いずれも日銀の利上げとは無関係で、利上げで解決する話ではない。

また記事では使用頻度の多いものの値上がりが大きいとして、食用油の36・2%が上昇したケースを挙げている。食用油の値段は、1000グラムで400円といったところだ。それが36%上がれば150円程度の値上がりになる。

食用油を毎日使う家庭は多いかもしれないが、4人家族で1日に何十グラムも使うものではない。1カ月で1本使いきらない家も多いはずで、それが150円上がったからといって、大騒ぎする問題なのか。

もちろん飲食店には厳しい話だが、家計を直撃するものではない。そうした事情を無視して、値上がり幅が大きいものだけを取り上げ、「大変だ!」と大騒ぎしているようにしか見えない。

今回の物価上昇を「岸田インフレ」と呼び、問題視する人たちもいるが、実態はそれほど悲観する状態ではない。7月6日に日銀の黒田東彦総裁が「家計の物価許容度も上がっている」と発言して物議を醸したが、これも間違いではない。

黒田総裁の発言は、東京大学大学院の渡辺努教授の研究に基づくものだ。渡辺教授は物価許容度について定点観測を行っていて、黒田総裁はそのデータを紹介したに過ぎない。ところがマスコミに「物価上昇なんて誰も受け入れていない！」と揚げ足を取られ、「不適切な発言だった」と謝罪することになった。

現実には、日本人は物価上昇を受け入れている。それを端的に示すのが、ここへ来て日本人の所得が増えていることだ。２０２２年10月から最低賃金が引き上げられ、この12月の冬のボーナスも、４年ぶりの増加となる企業が増えていた。

しかも日本人には、この２年で貯めた〝強制貯蓄〟（約50兆円）がある。新型コロナウイルスの感染拡大による緊急事態宣言で、飲食店をはじめ多くの店が閉まり、外食したくてもできない、買い物をしたくてもできない状態が続いた。外出自体を「するな」と言われ、遊びにも行けなかった。まして海外旅行などとんでもない話で、お金を使える機会は、せいぜい通販で買い物するぐらいだった。

おかげで日本人の個人金融資産は、２０２１年９月末の段階で１９９９兆８０００億円となり、前年同期比で５・７％増と過去最大を記録した。それぐらい日本人は、使うお金を持っているのだ。

物価高の要因は、コロナ禍とロシア・ウクライナ戦争による供給減

日本がまだ金利を上げる段階にないことは、物価の決まるメカニズムを考えてもわかる。よく知られるように、物価は需要と供給のバランスで決まる。つまり需要が増大しているのに供給力が変わらなければ、物価は上がる。逆に需要は変わらないのに供給力が減少しても、物価は上がる。

これらがもし同時に起これば、物価は格段に上がる。これがいま世界で起きている現象なのだ。

コロナ禍で経済がストップしたのを受けて、各国の政府は国民や企業にお金を配りまくった。とくにアメリカではドナルド・トランプ政権とジョー・バイデン政権が、巨額のバラマキを行った。だが供給力が弱まっているので使い道がなく、強制貯蓄がどんどん増えていった。

ただしアメリカ人には貯蓄より投資を好む人が多く、かなりの額が株式投資に回った。

その結果アメリカ株は急騰し、株価の値上がりを受けてアメリカ人の購買意欲はいっそう高まった。つまりは需要増だ。

需要は増加しているのに、生産や物流の混乱が続き、供給が追いつかない。なかでも中国のゼロコロナ政策によるロックダウンの影響は大きかった。

そうした中、２０２２年に入ってロシア・ウクライナ戦争が起こる。戦争は、需要の増加と供給の減少を同時にもたらす。つまりこの３年ほどで、大幅な需要増と供給減が起こる出来事が２つも起こった。それがアメリカに８～９％という急激なインフレをもたらしたのだ。

コロナ禍とロシア・ウクライナ戦争が続く限り、世界の供給力の減少は避けられない。インフレ抑制には国内需要を抑えるしかなく、ＦＲＢは金利を上げたり、過去に買い取った資産の売却などを行っているのだ。

金利を上げれば、企業はお金を借りにくくなる。資産を売却すれば、市場に出回っているお金が中央銀行に戻ってくる。需要とは市場に出回るお金のことだから、こうして需要を抑制しているのだ。

ただしこれはアメリカ、あるいはヨーロッパの話で、日本のインフレ率はまだまだ低く、需要もそれほど増えていない。すでに述べたように金融を引き締める必要はなく、金利も上げる必要はない。

「為替レートありき」で失敗した戦前の日本

以上、インフレ率の日米の違いから、日本が金利を上げるべきではない理由を述べたが、2つ目の「日本が変動相場制の国だから」とは、どういうことか。

変動相場制とは、為替レートを市場の需給に応じて、自由に決める制度だ。つまり政府や日銀は為替操作をしない。円安に誘導するために、金融引き締めをするようなこともない。

かりにやれば経済が必ずおかしくなる。これは韓国を見てもわかる。韓国は2022年4月にウォン安を警戒して、金融引き締めを行った。その結果、経済がガタガタになってしまった。

日銀が誘導しなくても、円安は自然に終わる。一時は1ドル＝150円まで進んだ円安も、2カ月ほどですぐに130円台にまで戻った。それまで円売りドル買いをしていた人も「１５０円は行き過ぎ」と判断し、円売りのポジションをやめたからだ。

なにしろ日本では４００円程度で買える牛丼が、このレートだとアメリカでは１２００円にもなってしまう。どう考えても行き過ぎで、そんな状態が長続きするはずはない。

逆に１ドル＝80円といった行き過ぎた円高も、そう長くは続かない。１９９５年４月に79円台まで進んだこともあるが、７月から円安方向に進んだ。消費者レベルで理不尽な値付けは、それほど長く続かないのだ。

逆に政府が為替相場を決める、固定相場制にしたらどうなるか。国民を置き去りにして、為替ルートを維持するためだけに金融政策が行われることになる。これをやっていたのが戦前の日本である。

日本では１８９７（明治30）年に貨幣法が施行され、このとき１ドル＝２円と決めた。この為替レートを維持するため、円が安すぎるときは、円を高くするために金融引き締めを行っていたのだ。

たとえ国内がデフレであっても、１ドル＝２円を維持するために金融引き締めを行う。デフレ下に金融引き締めを行った結果、起きたのが昭和恐慌を始めとする一連の経済問題だった。

戦前は第1次世界大戦後に起きた「戦後恐慌」、１９２７年の「昭和金融恐慌」、１９３０年から31年にかけて起きた「昭和恐慌」をはじめ、たびたび恐慌が起きている。これは金本位制というデフレレジームによるところが大きい。

当時の日本は経済成長していたので、本来なら通貨量を増やす必要があった。ところが金本位制のもと、金の保有量までしか貨幣を増やしてはいけないルールがあった。景気がよいからと、少し多めに紙幣を刷ると、たちまち金の保有量を超えてしまう。

金の保有量は、新しい金鉱山が見つからないかぎり増えない。これは世界的に言える話で、金本位制をとっていたため、戦前は世界的に数年に1度のペースで大きな恐慌が起きていた。その結果、国内経済がボロボロになり、国民が困窮して過激な思想に走り、戦争に向かう。そんなことを繰り返してきたのが戦前である。

その教訓から戦後は金属の金そのものではなく、世界で唯一の金兌換券であるドルにペッグした新たな固定相場制が始まる。所謂ブレトンウッズ体制だ。しかし、これも世界全体の戦後復興と高度成長に伴い、１９７１年には崩壊する。その後、先進国は変動相場制に移行する。その時々の経済力や環境などにより、為替レートが秒単位でつねに変わる体制になった。これにより買われすぎた通貨はやがて売られ、売られすぎたときは買われるといった調整が入り、長期的に見れば妥当なレートに収まることになった。これが経済の安定には望ましいということで、現在に至っている。

だから政府や日銀が望ましい為替レートを決めて、金融政策を行うことなど言語道断で、恐慌が多発した時代に戻るようなものだ。国内経済はかえって不安定になり、いいことは１つもない。

円安で日本が受けるメリット

むしろ為替の変動は、日本経済にとって１つのクッションにもなっている。円高にも円安にもメリットはあり、とくに日本のような海外に商品を売れる国は、円安で受けるメリットは大きい。

海外からの輸入品は高くなるが、逆に言うと国産の商品が外国からの輸入品に比べ相対的に安くなり競争力を持つことでもある。国内の輸出産業にとっても、国内産業にとっても有利な状況なのだ。

身近な例で言うと、生ハム業者を挙げたい。円安で海外の生ハムが値上がりしているのに加え、2022年1月にイタリアで豚の伝染病である豚熱が発生、イタリアの生ハムの輸入が禁止になった。円安に豚熱も加わり、イタリア料理店などでは日本産の生ハムが引っ張りだこになっているという。

これは極端な例だが、総じて円換算で輸入品が高くなれば、国内産業に有利になる。これまでは逆で、円高が進みすぎたため製造業は国内で商品をつくると採算がとれない。そのため海外に工場をつくって、国内に輸入して販売していた。状況が逆転したいまは、国内に働く人にとってプラスの環境になっている。

さらに言えば、これまで海外でつくっていた商品を日本でつくる動きも生まれだしている。とくに半導体はいまアメリカが規制をかけ、中国への製造装置の輸出を基本的に禁じている。中国での物づくりに支障が生じるのは確実で、それならば日本でつくればいいということになってくる。円安は、その追い風になる。

輸出企業のなかには、円安で利益が増え、2022年のボーナスを増やしたところも多い。円安というと「輸入品が高くなった」などとデメリットばかり強調されがちだが、メリットにももっと目を向けていい。

「貿易黒字は勝ち」「貿易赤字は負け」の間違い

円安に関する誤解は、まだある。２０２２年上半期の日本の貿易収支は7兆９０００億円あまりの赤字だった。理由の１つはエネルギー価格などの高騰、もう１つは円安が進んだことだ。

ここから「だから円安はいけない！」などと言う人もいるが、これもやはりおかしい。そもそも「貿易赤字になるから円安はいけない」と考えるのは、「貿易黒字は勝ち」「貿易赤字は負け」と考えているからだ。この考え自体、そもそも間違っている。

貿易収支は、輸出から輸入を引いた金額を指す。輸出のほうが多ければ黒字になり、輸入のほうが多ければ赤字になる。言葉のイメージから赤字のほうが悪いように思いがちだが、そうではない。これは経済の基本がわかっていない人の発想だ。

そもそも輸入が多いのは、悪いことなのか。輸入が多いというのは、国内の生産力では足らないぐらい、国内の需要が大きいからでもある。需要が旺盛だから、海外の生産力も借りてその需要を満たしている。それだけ消費が盛り上がっているわけで、一体何が問題なのか？　そして、これはこれまでアメリカがやっていることでもある。

　１９８０年代からアメリカの貿易赤字が増えていくのは、アメリカ人が国内の生産力以上に、お金を使って物を買うからだ。だから外国のものでも売れるわけで、これが何か問題だろうか。

　また2国間の収支を見て「対日赤字」「対中赤字」などといった言い方もするが、これもまったく意味がない。たとえば日本のサウジアラビアに対する貿易赤字は、累積すれば天文学的な金額になる。

　サウジアラビアとの貿易収支が赤字なのは、サウジアラビアから大量に石油や天然ガスを買う一方、サウジアラビアは人口が少ないので、日本の商品をさほど必要としないからだ。日本とサウジアラビアでは、構造的に日本が赤字になるようになっている。ただそれだけのことである。

　それでも日本の貿易赤字が嫌というなら、解消する方法は簡単だ。今回の日本の赤字の大きな原因は、石油や天然ガスなどエネルギー価格の高騰にある。これらの輸入量は前期比３・８％増程度だが、価格が倍ぐらいに上がっている。赤字を解消したいならエネルギーを買わなければいい。

とはいえエネルギーを買わなければ、現状ではさまざまな不都合が起こる。とくに電気が使えなければ、場合によっては生命の危機に及ぶ。

これを解決するには、現在ほぼ天然ガスに頼っている火力発電をやめて、いま止めている原子力発電を再稼働させればいい。これでエネルギーの輸入量が減り、貿易赤字は即座に解消する可能性が高い。

いずれにせよ大事なのは赤字か黒字かではなく、必要なものをしっかり活用し、国民にとってプラスになる経済にすることだ。その結果としての貿易赤字であり、黒字である。日本の需要が旺盛で、国内の生産力だけでは足らず輸入が増えるなら、それはそれで悪いことではない。「黒字が勝ち、赤字が負け」といった単純な発想では、貿易や経済の本質は見えてこないのだ。

「為替レート」＝「その国の価値」ではない

2022年3月から急激に始まった円安について、マスコミではさまざまな人が講釈をしていた。その1つがTBSの『サンデーモーニング』で評論家の寺島実郎氏がよく言っていた「これは日本売りなんです！」といった発言だ。

「日本の生産性が上がらないから円安が終わらない」「生産性の低さに対する円売りである」といった具合だが、これがいかにバカバカしい解釈であるかは、その後の展開を見れば明らかだ。

10月に1ドル＝150円台まで下がった円は、その後しだいに上がり、11月には130円台までになった。これは10月から11月までの間に、日本の生産性が急に高くなった結果だろうか。

また「日米の金利差が原因」という説も説得力を失っている。1ドル＝150円になった頃、アメリカの長期金利は4・1％だった。11月には3・8％になったが、下がったのはわずか0・3ポイントだ。これだけしか下がっていないのに円高になるのは、「金利差が円安を招いた」という説にも、やはり無理がある。

金利差といえば韓国もアメリカに従う形で、4月から10月まで5度にわたって金利を引き上げた。アメリカとの金利差は日本より少ないが、にも関わらず9月からウォンはドルに対して大暴落を始めた。

1ドル＝150円をピークに急速に円高が進んだとき、円を買った人たちは「日本の価値が上がった！」と思ったのだろうか。さらに言えば１９９４年に１ドル＝１００円台から90円台へと急速に円高が進んだときのことを思い出してほしい。「これからの日本は買いだ！」と思うどころか、むしろ高い円を嫌い、みんな日本を見捨てた。つまり為替レートから、日本が評価されているかいないかを判断するのが間違いなのだ。

この手の議論をする人のなかには、デフレの原因を人口減少のせいにする人も多い。こちらも一見もっともらしいが、実際はデフレと人口減少は関係ない。デフレはたんに人々が「将来的に貨幣量が減るだろう」という期待を持っているから起こるのであって、金融緩和で貨幣量が増えるという期待を盛り上げれば解消できる。実際に２０１３年の「黒田バズーカ」による金融緩和で、それまでマイナス圏だったインフレ率はプラス圏に浮上した。この間、日本の人口が爆発的に増えたという話は全く聞かない。人口減少デフレ説は何度論破されても復活するゾンビ経済論であり、何の説明力もないのだ。

では今回、急速に進んだ円安の原因は何かというと、一時的な投機ブームだと思っていい。結局のところ、適正レートがどれぐらいかは誰にもわからない。ただ為替を決める要素の１つに、金融緩和や財政出動に対するスタンスがある。

アメリカはインフレを抑えるために、政策を総動員して財政緊縮や金融引き締めを始めた。一方で物価目標を達成していない日本は、金融引き締めをしなかった。そこで円安傾向が進みだしたところ、目端の利く人たちが円売りドル買いを始めた。

それに気づいた『日経新聞』が「円安が進んでいる！」と報じ、それを見た人たちが同様の行動を取りだした。これにより円安が予想外のペースで進んだだけだ。

ただし『日経新聞』が報じたときは、ブームの終わりが近づいている。1ドル＝150円が近づいた頃がそうで、さらにドルが上がるのを期待した人たちが買いに走ったが、ブームはすでに過ぎ去り、以後は円高に向かっていく。

この説明が、実際の動きと最も合っているだろう。私は当初から今回の円安を投機によるもので、2023年まで続くことはないと見ていた。そして『日経新聞』が騒ぎだしたことから、終わりが近いのを感じた。

日経が騒ぎだして数カ月もすれば、ブームは終わる。早いときは翌週に終わることもある。今回は2、3カ月ほどかかったが、日経が騒ぎだしたら静観したほうがいいという原則は、今回も当たったことになる。

政府は外為特会を手仕舞うチャンス

現在の円安が、輸出企業をはじめとする日本企業の利益を増やしていることは、すでに述べたとおりだ。このことは２０２２年のボーナス増という形で、すでに現れている。

給料や時給は為替レートや原油価格が１円動いたからといって、急に上がったりすることはない。しばらくは円安で貯まった利益を保留し、まずは12月の冬のボーナスを少し増やすといった形で出てくる。

賃金は遅行指数なので、景気がある程度の方向性を持ったときに、あとからついてくる。今回の円安が始まったのは３月頃だから、そこから半年なり１年遅れて、輸出企業のボーナスに反映されることになる。とはいえ、すでに次のような動きが出ている。

冬ボーナス９・７％増84万円　伸び最高、物価高で手厚く（『日経新聞』）

日本経済新聞社は17日、２０２２年冬のボーナス調査（12月１日時点）をまとめた。

1人あたり支給額（加重平均）は84万3059円で、過去最高の18年に次ぐ水準となった。前年比伸び率は9・7％増と過去最高で、2年連続のプラスだった。

（中略）

上場企業を中心に21年と比較可能な511社の数字をまとめた。1975年の調査開始以来で伸び率は過去最高だった。支給額は好業績に沸いた18年（84万8736円）に次ぐ水準となった。集計企業数で全体の7割超を占める製造業は9・32％増の89万7267円だった。全産業の業種別の伸び率トップは鉄鋼で、77・75％増の99万7790円。製造業の18業種のうち繊維、食品を除く16業種で前年を上回った。電機や精密機械の2業種では平均支給額は100万円台に乗せた。

好調なボーナス支給の背景にあるのが好業績だ。全体の約4割が業績連動で、前提になる22年3月期は東証プライム市場に上場する3月期決算企業（金融除く全産業）の純利益が前の期比4割増の33兆円となり、過去最高だった。3社に1社程度（5月中旬時点）が最高益となった。23年3月期の純利益は前期比1割程度増え、過去最高益を更新する見込みだ。

（https://www.nikkei.com/article/DGXZQOUC098Z70Z01C22A2000000/）

またキヤノンなどの一部の企業では物価上昇手当という形で事実上の給料のベースアップも始まっている。物価だけ上がって給料が上がらないという言説を野党は吹聴するが、それは事実ではないようだ。観光業や小売業も、２０２２年10月に入国規制が大幅に緩和されたことで、インバウンドによる爆買い効果が期待される。とはいえ今日、外国人観光客が爆買いしたからといって、すぐにアルバイトの時給が上がるわけではない。

経済効果にはタイムラグがあり、時間を置いて現れてくる。それを待てない人が、日経新聞のように「日本売りだ！」などと騒ぎはじめるのだ。

また日銀の為替介入について「日銀がカネを溶かしている！」などと騒ぐ人もいるが、これも間違っている。

為替介入に使う資金は、円売りや外貨買いの際に取得した外貨（実際には米商務省短期証券）で、いわゆる外為特会（外国為替資金特別会計）だ。過去に日本は、たびたび円高に苦しめられてきた。そうした時期に急激な円高を抑えるため、円売り介入を行って積み上げた資産だ。

円売り介入がいちばん多かったのは、２００３年5月から２００４年3月まで行われたテイラー・溝口介入のときだ。このときは約30兆円の円を売って介入した。デフレの時代にはこのような介入を繰り返し、結果として一連の円売りドル買い介入で巨額のドル資産が形成された。調達したドル資産の平均為替レートは１ドル＝１０２円程度と言われている。１０２円で買ったドルが、今回は１５０円まで行ったのだから、日本円評価額で１・5倍になったことになる。

これが１３０円になったとしてもまだ3割近い含み益がある。まさにこの巨額ドル資産を手仕舞うチャンスでもある。そもそも、外為特会は本来、日本にあってはならない特別会計である。すでに述べたように日本は変動相場制の国で、為替介入を前提とする資金など持っておくべきではない。

もともと外為特会は、かつての固定相場時代の名残だ。１ドル＝３６０円の時代が長く続き、この相場を維持するため積極的に為替操作をする必要があった。介入のための資金は潤沢なほうがよく、潤沢な外為特会を使って、職人芸のように１ドル＝３６０円をキープしていた。

ところが１９７１年のニクソンショックでアメリカがドルと金の交換停止を宣言し、73

年から固定相場制が終わる。以後、外為特会には存在意義がなくなるが、急激な為替変動に備えて、どの国も多少は資金を保持している……はずだった。

ところが、デフレ時代の円売り介入のせいで、日本の外為特会は他国に突出して多い。日本の次に多い国でも、日本の４分の１程度しか持っていない。なかには日本より１ケタ少ない国もある。本来なら世界第３位の経済大国が、これほどの為替操作のための巨大ファンドを持っていていいはずがない。

日本の外為特会は２０２２年３月末時点の資産残高は約１兆３０００億ドル。それだけの資金を持っていれば、「日本は為替介入する気が満々」と思われても仕方ない。

そもそも為替介入はやってはいけないもので、そのために中央銀行同士で他国と一定レートで通貨を融通しあうスワップ協定をはじめ、いろいろな制度もある。これを機に解消し、必要なときは借り入れをして行うというのが、あるべき姿だ。

このタイミングで手仕舞いし、かつ日本が変動相場制の国という原則を思い出し、外為特会を取り潰す時期に来ているのではないだろうか。

「外貨準備が減った」と騒ぐ『日経新聞』の不思議

また今回の為替介入について『日本経済新聞』も「外貨準備が減った」と批判的だ。2022年11月8日に「外貨準備3・5%減　10月、円買い・ドル売りの為替介入で」という記事を報じている。

財務省が8日発表した10月末の外貨準備高は1兆1945億ドル（約175兆円）と、9月末から434億ドル（3・5%）減った。円買い・ドル売りの為替介入や米金利上昇が影響した。減少幅は24年ぶりに円買い介入に踏み切った9月（4・2%）に次ぐ過去2番目の大きさとなった。

(https://www.nikkei.com/article/DGXZQOUA07AOU0X01C22A1000000/)

外貨準備が減ったことを、さも一大事かのように述べているが、いつもながら本質からズレた議論だ。社会の授業での記憶かもしれないが、「外貨準備」＝「その国の信用」と思っている人は少なくない。だが外貨準備と日本の信用度は、まったく関係ない。なぜなら外貨準備は、その国が持っている外貨全体のごく一部に過ぎないからだ。

財務省統計を見ればわかるように、外貨準備は政府が持っている外貨を指す。これが日銀の為替介入で３・５％減り、１７５兆円になったというのが記事の内容だ。

この外貨準備に対し、日本国全体が持っている外貨は「対外資産」と言う。対外資産は外貨準備よりはるかに多く、１２４９兆８７８９億円（２０２２年3月末）にのぼる。前年末比で１０５兆２５０４億円も増加している。

この対外資産のうち、政府が投資用に持っている〝貯金〟が外貨準備だ。つまり対外債権を家計全体とすると、外貨準備は貯金だ。家計における重要度という点では、お父さんの〝へそくり〟程度の存在なのだ。

つまり『日経新聞』の記事は、お父さんが投資にお金を使い、へそくりの部分が３・５％減ったという程度の話だと考えられる。大事なのは、へそくりも含めた資産全体がどうなっているかで、お父さんのへそくりが多少減ったからといって、その家の信用、つまり日本全体の信用が高まったり低くなったりはしない。

また日本は対外債権がある一方、海外から借りているお金、つまり対外債務もある。たとえば1兆円借りて1兆円投資すると、対外債権は1兆円増える代わりに、対外債務も1兆円増える。この場合、差し引きすると債権も債務もゼロになる。

つまり大事なのは対外債権と対外債務を両方見ることで、対外債権から対外債務を差し引いた残りが「対外純資産」になる。そしてこれは政府だけでなく、日本国全体の債権を表している。この対外純資産こそが国の豊かさや信用度を見るうえで、いちばん重要な数字である。

2022年3月末時点で日本の対外負債は838兆6948億円である。これを先ほどの対外資産1249兆8789億円から差し引くと残りは411兆1841億円（対外純資産）。この金額は2位をダブルスコア以上で引き離して堂々の世界ナンバーワンである。

ちなみに日本の対外純資産は2010年から22年まで12年間で前年より減っている年は4回ある。それぞれ12兆円、23兆円、7兆円、2兆円程度のマイナスだ。反対に増えた年は例えば12年が33兆円、13年が26兆円など、総じて減った年よりも多い。直近の21年では、56兆円も増えている。

また、民主党政権だった2010年の対外純資産は255兆円だったが、アベノミクスが始まったことで徐々に増え、21年には411兆円にまで増えた。つまり為替介入で〝お父さんのへそくり〟は減ったけれど、家全体としてはお金持ちになっている。それが現在の日本なのだ。

日本の雇用調整助成金は正しかった

繰り返しになるが、２０２２年から世界で進んでいるインフレは、コロナ禍やロシア・ウクライナ戦争によって供給面で問題が生じたことが大きい。ただしアメリカの場合、失業対策を失業保険の特例措置で行ったことも、物不足の１つの要因になっている。

労働市場における求職者と企業の求人数の関係を表す、ＵＶ曲線と呼ばれるものがある。これを見るとアメリカではコロナ禍で失業し、新たな仕事を探す人が増えている。一方で人を探している企業も、急激に増えている。

ところが両者が折り合わず、ミスマッチの状態が続いている。そこには「無理してまで働きたくない」という失業者の思惑がある。失業保険の特例措置を受けられれば、通常より給付金が割増され、かつ給付期間も長い。ならば「働かないほうが得」「働いたら負け」と考える失業者が増えたのだ。

しかも失業後、そのまま引退する人も増えている。通常アメリカで失業保険を受けられる期間は半年ほどだが、コロナ特例で延びて2年ぐらい働かない状態の人もいた。2年も働かずにいれば、「働かなければ社会復帰できない」といった恐怖心でも与えない限り、なかなか戻りづらい。そのため「そろそろ景気後退が来る」などと言って脅しをかけてもいるが、あまり効果は出ていない。

またアメリカの場合、ある程度資産があったり、日本の年金にあたるペンションファンドをもらえる年齢になれば、「無理して働かなくていい」と思う人がさらに増える。とくに2年も休んでしまえば、「死なない程度に質素な暮らしをすればいい」とミニマリストのような生活に入る人もいる。

だが社会にとってはもったいない話で、豊富な経験を持っている人がいきなり大量に消えていなくなるのだ。仕事を辞めてもらうために政府がお金をバラまいた結果、社会が大きなダメージを被ることになってしまった。

そう思うと、日本が雇用調整助成金で雇用を守ったのはじつは正解だったのかもしれない。雇用を維持することが受給の条件となっていたため、アメリカのような早期引退問題は起こらなかったからだ。当初、私は雇用調整金について批判的な立場だったが、結果として政府の考えは正しかった。給付時期が遅いなど、いろいろ問題はあったが、働く人たちの意欲を削がないという点はよかったと言っていい。これは今後、日本経済が立ち直っていく中で大きな強みになるだろう。

バーナンキ元ＦＲＢ議長のノーベル経済学賞受賞が意味すること

話は少しそれるが、ノーベル経済学賞について触れておきたい。

２０２２年のノーベル経済学賞は、元ＦＲＢ議長のベン・バーナンキ氏が受賞した。バーナンキ氏は議長になる以前、「デフレ克服のためにはヘリコプターからお札をばらまけばよい」と発言したことでも知られる。バーナンキ氏の受賞は、我々リフレ派がかねてより主張しているデフレからの脱却策にお墨付きをもらったものだと思っていい。

バーナンキ氏の受賞理由は、リフレ派に直接関係するものではない。評価された研究は、１９３０年代の世界大恐慌で、銀行が危機を深刻化させたといった内容である。

ただ誤解している人も多いが、ノーベル賞は学者の業績ランキングではなく、特定の分野を切り開いた人の業績に与えられる。リフレ派の理論については、リフレ派の祖であるミルトン・フリードマンが1976年に受賞している。

そのためバーナンキ氏の受賞理由は別のものになったが、評価された研究がリフレ派の理論に基づくものであることは確かだ。2008年にノーベル経済学賞を受賞したポール・クルーグマンもリフレ派で、グローバリゼーションが自由貿易に与える影響を考察した論文が評価された。

近年ノーベル賞は、1990年代後半の業績に対して与えられることが多い。バーナンキ氏の受賞理由となった研究は80年代前半のもので、もっと早く受賞してもおかしくなかった。ただバーナンキ氏は2014年までFRB議長を務めており、現役時代に表彰すると、バーナンキ氏の金融政策をノーベル財団が支持していると受け取られかねない。それを避けて議長退任後、ほとぼりが冷めた頃を見計らって、今回の受賞になったのだろう。

いずれにせよリフレ派の研究が、さまざまな角度から評価されていることは間違いない。日本のデフレ脱却のためには、やはりインフレ率2%を完全に達成するまで、日銀は金融緩和を続けるべきだ。

デフレとバブルは裏表の関係

日本でも１９８０年代に貨幣供給量に注目し、デフレやバブルに関する研究を行った経済学者がいる。一人は日本におけるリフレ派のパイオニアで、前日銀副総裁の岩田規久男氏だ。

岩田氏は当初は不動産に関する研究をしていたが、やがて実証研究に移る。その岩田氏に師事し、岩田氏とともにバブルの到来に警鐘を鳴らしたのが、エコノミストで、２０１０年に亡くなった岡田靖氏だ。

岡田氏は当時の日本に存在しなかったマネーサプライ統計を開発した。そして１９８０年代末に貨幣供給量が年率８％と急激に増えているのに対し、インフレ率は２～３％程度であることに気づく。余った５％が不動産に吸収されており、金融引き締めをしないとバブル経済になると警告した。

師である岩田氏も１９９５年以降はつねに金融緩和を唱えているが、当時はバブル景気を警戒して金融引き締めを主張していた。貨幣供給量を増やし過ぎればバブルになり、減らし過ぎればデフレになるという点でその理論は極めて一貫している。バブル期は「出しすぎているから大変なことになる」と言い、デフレ期は「絞りすぎているから大変なことになる」と言っているわけだ。

もう一人、貨幣とバブルやデフレの関係について興味深い指摘をしているのが経済学者の小野善康氏だ。菅直人元首相の経済政策のブレーンで、増税をすると景気がよくなるという謎の理論を菅氏に授けた人物でもある。

小野氏の理論は次のようなものだ。人びとはいま消費することに有用性を感じないと、将来どこかで消費しようと考える。このような考え方になったときに起こす行動は2つで、1つは将来のために貨幣を持とうとすること、もう1つは土地を持とうとすること。貨幣を持とうとすればデフレになり、土地を持とうとすればバブルになる。だからバブルとデフレは、同じ現象であるというのだ。

この論文は1989年に書かれたもので、まさにバブル絶頂期である。バブル絶頂期にバブルを否定的に見ていた経済学者は、マルクス経済学者を別にすれば、岩田氏と小野氏ぐらいだろう。

そして小野氏の論文では、人びとの欲求が土地から貨幣に移れば、デフレ不況になると述べている。人びとの欲求とは需要で、それが貨幣と土地のどちらに向かうかという話である。

小野氏の理論をベースにしても、貨幣量を増やして貨幣に対する需要を満たせばデフレは終わることになる。これもまたリフレ派の正しさを裏付ける理論と言えるだろう。

いよいよ日本もインフレ時代へ

本章で見てきたように、急激な円高やコロナ禍において日本がとってきた対応は、総じて間違っていない。そして世界的なインフレが始まる中、いよいよ日本もデフレを脱却し、インフレ時代に入る。

日本が長くデフレモードを続けてきたのは、デフレから脱却するために十分な金融緩和を行ってこなかったからだ。デフレを脱却するには、まず中央銀行が風呂敷のようなものを大きく広げる必要がある。その広げた風呂敷の範囲内で、政府は財政政策を行う。変動相場制のもとでは、財政政策より金融政策のほうが効果的という大原則がそのまま通用する。

金融政策のサポートなしに財政政策を行えば、政府は国債で資金を調達せざるを得ない。それは市場から資金を吸い上げることを意味し、市場では円が不足して円高になる。円高により日本経済はダメージを受ける。具体的には、日本の製造業が衰退し、中国や韓国に客が逃げていったことを思い浮かべて欲しい。金融緩和なしに財政を膨らませても、その効果は円高を通して海外に逃げてしまうのだ（マンデル・フレミング効果）。

つまり、デフレ時代は金融（マネタリー）優位の時代であり、財政（フィスカル）は従属的な立場に置かれていた。

ところが、コロナショックですべてが変わった。コロナ対策で、全世界が同時に財政を拡張し、金融緩和を行ったからだ。財政が同時に拡張されたことで、景気対策の効果は海外に逃げようがなかった。さらに、コロナ対策は政府が主導し、中央銀行がそれに付き従ったのだ。どの国においても中央銀行は法律上政府の子会社であり、政府が「ここまでやる」と言ったところまで、風呂敷を広げざるを得ないからだ。

ここで十分広げきれなければ、風呂敷からはみ出た分は海外に出て行くが、いまはどの国も同様の政策を行っている。逃げ場がなく、結局自国に戻ってくる状態になっている。その結果、どの国も一気にインフレモードに突入した。それがいよいよ日本にも波及する。

これだけ大量にお金をバラまけば、それを吸収するのに何年もかかり、その間ずっとインフレが続く。それも3年、5年といった単位ではない。2章で詳しく述べるが、このインフレは最低でも40年続くと私は思っている。

久々に到来するインフレ時代において、我々はどう対応すべきなのか。その点について次章以降で述べていきたい。

第2章

インフレ時代、世界はどう変わるのか？

――中国とのデカップリングでモノ不足は当分続く

デフレとインフレにはトレンドがある

1章の最後では2022年から世界で起きているインフレが、日本でも本格的に始まると述べた。これはコロナ禍における財政のバラマキ効果やロシア・ウクライナ戦争の影響もあるが、より大きな流れとして見ることもできる。

本章では今後、世界的にインフレが進む理由をいくつかの観点で見ていくが、まず考えたいのが時代のトレンドだ。歴史的に見るとインフレとデフレは、一定の周期で交互に訪れている。

1900年頃から1940年頃まで、世界はデフレの時代だった。1章でも述べたように金本位制は、金の保有量を上限として通貨を発行するというものだ。世界では1840年から50年代中頃まで、金の産出量が増えつづけた。当時はアメリカ西海岸とオーストラリアで、いわゆるゴールドラッシュが起こり、多くの金山が発見されていた。

これが永遠に続くなら、増え続ける金の量に合わせて貨幣をどんどん発行することができる。ところが1900年前後に南アフリカ共和国で大きな金鉱山が1つ見つかったのを最後に、大きな金鉱山はほとんど発見されなくなる。

その一方、科学技術が急速に発展し、モノの生産量が著しく増える。モノの生産は増えていくのに、金本位制である限り簡単には貨幣量を増やすことができない。貨幣がつねに不足していたのが、当時の経済だった。

貨幣が足らないから、デフレ型の恐慌がたびたび起こった。1907年10月にアメリカで起きた「1907年恐慌」、第1次世界大戦終了後の1920年に日本で起きた「戦後恐慌」などは、よく知られるところだ。

日本ではその後、1923年の関東大震災の際に発行された震災手形をめぐる「震災恐慌」、1927年に当時の大蔵大臣・片岡直温が「東京渡辺銀行が破綻しました」と失言したことに始まる「昭和金融恐慌」なども起きた。

1930年には、前年のアメリカ発の世界恐慌の影響を受けた「昭和恐慌」もあった。当時の日本は「100年に1度」と言われる恐慌が、5年に1度ぐらいのペースで起きていた。

このデフレの元凶ともいえる金本位制が修正されるのは、第2次世界大戦後だ。1944年にアメリカのブレトンウッズで開かれた連合国通貨金融会議でブレトンウッズ体制が発足し、45年に同協定が発効する。以後、世界経済は新しい金融システムのもとで動いていく。

ただし実質的には、それ以前から金本位制は崩れだしていた。１９３９年に第2次世界大戦が始まると、全世界が戦時体制に入る。金の保有量に貨幣の供給量が左右される金本位制では、十分な戦費を賄えないからだ。

各国とも１９４０年頃から金本位制からの離脱を始めた。そう考えると１９００年から１９４０年頃までの約40年間がデフレの時代と言える。

ブレトンウッズ体制で始まったインフレ時代

そして１９４５年にブレトンウッズ体制がスタートすると、今度はインフレの時代が始まる。ブレトンウッズ体制は、言わば〝変形金本位制〟である。金の保有量に左右されるが、金と交換できるのはアメリカのドルだけで、そのドルと各国の通貨が連動する。つまりアメリカ以外の国は、ドルの保有量まで自国の通貨量を増やすことができる。

この場合、ドルの価値をみんなが信じているうちは、実際の金の保有量よりも通貨の発行量が多少増えても問題ない。そのため各国の貨幣量が大きく増えだす。

とくに戦後は戦災からの復興により需要が極めて旺盛で、モノの足らない時代でもある。モノが足らない状況に加え、お金をたくさん刷れる時代になり、１９４５年から50年頃にかけて世界は一気にインフレモードに転換していく。

ただし注意したいのは、デフレが終わっても最初の10年ほどはデフレとインフレの間を行ったり来たりすることだ。

たとえば日本では１９４９年に「ドッジデフレ」が起こっている。ＧＨＱの経済アドバイザーで、デトロイト銀行頭取のジョゼフ・ドッジが「ドッジライン」と呼ばれる緊縮財政を日本に強いたことで起きたデフレである。

当時の日本では復興金融債の日銀直接引き受けによる民間銀行への無担保・無制限貸出を行っていた。その資金で設備投資をはじめ戦後復興に向けた活動を展開していたが、ドッジは無担保・無制限の貸出がハイパーインフレを起こすことを危惧した。そこで緊縮財政を求めたのだ。

しかし、ドッジの危惧は的外れだった。当時の日本のインフレ率は年率60％程度で、物価が10倍にも１００倍にもなるハイパーインフレからはほど遠かったのだ。経済学者ケーガンの定義によればハイパーインフレは年率1万3000％である。戦前、戦中の公定価格と戦後の闇価格を比較すれば確かにそうなるかもしれないが、これは正しくない。大蔵省のレポートによれば、どちらも闇価格で比較した場合、戦後の物価上昇率は60％程度であったと結論付けているのだ。

当時の実質成長率は10％前後もあり、急速な戦災からの復興過程にあった。60％程度のインフレは許容すべきだったが、ドッジは「不健全な状態」と間違った判断を下した。

無制限貸出を続けると、いずれバブルのような状況が起こり、弾けたときに大変な不況になると考え、無理やり供給を抑えた。それに伴い、デフレが起きたのだ。

ただし翌1950年に朝鮮戦争が起きたことで、日本ではすぐに朝鮮特需が始まる。これによりドッジデフレは吹き飛び、ドッジによる緊縮財政の影響は一時的なもので終わったのである。

第1次オイルショックで日本のインフレ率は23％に

日本がデフレに戻らなかったのは当時の世界経済がインフレモードにシフトしていたこ

ともあるだろう。その後、このインフレモードが定着し、１９８０年までインフレ時代が続く。

実際、１９５０年以降の日本は、どの統計を見てもインフレ率が高い。その結果として、景気の過熱を抑えるために金利も高い状態が続いた。私も小学生だった１９７０年代は特にインフレ率と金利が高い時代で、お年玉１万円を郵便局に預けると、１年で３００円の利息がついたものだ。１９７９年の日本のインフレ率は平均９％ほどである。このような極めて高い状態が１９８０年頃まで続くのだ。

９％という高いインフレ率は、２度のオイルショックがあったことも大きい。なかでも１９７３年に起きた第１次オイルショックでは、同年10月に始まった第４次中東戦争をきっかけに、物価がいっきに高騰した。74年の消費者物価の上昇率は23％で、とてつもない狂乱物価になった。

「トイレットペーパーが不足する」という風評を信じた人びとが、スーパーに殺到する事件も起きた。スーパーは「お１人様１点限り」と定め、当時４歳だった私も祖母に連れられ、「お前も１人だから」とトイレットペーパーを持ってレジに並んだようだ。私自身は覚えていないが、「それぐらい大変な時代だった」という話を、後年よく聞いた。

第１次オイルショックで原油価格は、最終的に１バレル＝11・65ドルまで値上がりする。それまでの原油価格は原油が発見されて以来、ほぼ2ドル前後で推移していた。それが１９７２年１月は２・48ドル、73年も３月頃までは３ドル程度になった。ただしこの頃は「やや高くなった」という程度だった。

ところが10月に第４次中東戦争が始まると、一気に５・12ドルになり、翌74年１月には11・65ドルまで上がる。わずか数カ月で６倍近くに上がり、その後も原油価格は下がらず、80年代には20ドルを超える。

当時と比べると、２０２２年の原油価格の高騰は大したことがないといえるだろう。１バレル＝70〜80ドルが１５０ドルになった程度で、２倍の上昇だ。それでも大変な騒ぎになったのだから、第１次オイルショックの急騰がいかに異常だったかがわかる。それでいて日本の物価上昇率が23％で済んだのは、かなり上出来だったと言っていい。

そもそも当時の日本経済は、それなりにうまく回っていた。「原油価格が６倍近くになったのだから、これぐらいのインフレは仕方ない」というのが、当時の多くの日本人の認識だった。それを左翼系マスコミがおかしな煽り方をしたため、トイレットペーパー騒動のような混乱が起きたに過ぎない。

さらに言えば、第2次オイルショックに至っては、日本はほぼダメージを受けていない。その理由として経済学の教科書では「金融引き締め」「技術革新」「労使協調」の3つを挙げている。なかでもリフレ派は金融引き締め、つまり供給を抑えたことが大きいと考える人が多い。

一方、同じリフレ派でも明治大学教授の飯田泰之氏は、技術革新の部分が大きいと述べている。第1次オイルショック以降、日本では生産性が飛躍的に伸びた。このことが生産性の劇的な向上につながり、それが最も寄与したというわけだ。

さらには、労使協調も大きい。労働者と経営者が一致団結することで雇用が守られ、大過なく過ごすことができた。評価の軽重こそあれ、これら3つが大きく寄与したことは確かだろう。

1980年代に始まりだしたデフレモード

その後、80年代に入ると、第1次オイルショックの反省も踏まえて、日本は金融引き締めに向かいだす。同時に、インフレ率も下がっていく。70年代の平均は9%だが、73年の

23％を除けば実質7、8％になる。それが80年には7・81％、81年には4・94％、82年には2・75％と、どんどん下がっていくのだ。

ちなみに1990年は、少し揺り戻して3・07％だった。1990年前後は「バブル景気」と言われ、大変なインフレ率だったと思われがちだが、実態はそうではない。上がったのは地価だけで、物価の加重平均であるインフレ率は3％台に過ぎなかったのだ。

その後も3％台をキープできればよかったが、翌91年に3・27％と多少上昇したあと、92年は1・73％、93年は1・25％と下降していく。95年にはマイナス0・09％になり、96年から97年までは何とかプラス成長に持ち直すが、98年以降はマイナスが続き、その後14年間物価のマイナス状態が続いた。

これは世界的に同じで、この時期はどの国も物価上昇率が低い「ディスインフレーション」状態だった。ここで日本が世界各国と同じように標準的な財政・金融政策をやっていれば、おそらくマイナス圏には落ちず、インフレ率の低い状態を保てた。

ところが政府と日本銀行は、ここで相次ぐ失策を行った。日本政府が財政を引き締めると、日銀は金融緩和を行う。逆に政府が財政を拡張すると日銀が金融引き締めをする。政府と日銀がチグハグな政策を行い、デフレ圏から抜け出せないまま2012年に至った。

アベノミクスで物価は辛うじてマイナス圏を脱するも、依然物価目標の2％は達成できずディスインフレの状態が続いた。日銀が物価目標をコアコアCPIで達成したのは2022年の事である。

インフレ率3％からマイナス1％への変化が日本経済をダメにした

以上、1900年から直近までの物価のトレンドを見てきた。まとめると1900年からデフレ時代が始まり、1940年以降はインフレ時代に入る。そして1980年をピークにインフレ率が下がりだし、そのままデフレの時代に入る。

いずれも40年周期で変わり、2020年からは新型コロナウイルスの感染拡大によって、世界はいっきにインフレモードになった。

この40年周期は、現象面から見ただけで何の根拠もない。しかし、私のみならず多くのエコノミストがこの不思議な周期説に一定の説得力を感じている。

デフレからインフレへの転換は、冬から春になる時の三寒四温に似ているかもしれない。

1940年から50年にかけての日本はまさに「寒の戻り」だった。1949年にドッジデフレを経験し、翌年朝鮮戦争勃発で株価が暴落したのが最後の冬日だった。朝鮮戦争が終わるころには、株価は3倍以上に上がっていた。再び冬（デフレ）が来ると信じて現金を貯めこんだ人は大損し、リスクを取った人が報われた。

逆に、秋から冬に向かっていたのが1980年代だ。1980年代後半から始まったバブル景気は残暑のようなものだ。秋の夏日はあくまでも夏日であって、夏そのものではない。バブル景気を抑えるため、日銀は1989年に金融引き締めを始める。これはまるで、第1次オイルショック時のときと同じ手法で、それによって日本のインフレ率が下がっていく。

だがここで日銀は間違えた。第1次オイルショックのようなインフレ率23％の状態から7％まで下げるのと、当時の3％からマイナス1％まで下げるのでは、経済に与える影響がまったく違うのだ。

人間の体にたとえると、わかりやすい。たとえば室温85度のサウナの中でも健康な人なら裸で15分程度は耐えられる。しかし、裸でマイナス5度の冷凍庫に置き去りにされたら15分も持たずに低体温症の症状が出るだろう。最悪の場合、死ぬかもしれない。

例えば、外気温が25度だった場合、85度のサウナは気温差60度、マイナス5度の冷凍庫は気温差30度だ。サウナの方が冷凍庫より2倍も気温差がある。しかし、サウナでは死なない人間が、冷凍庫では死ぬ可能性が高い。経済も全くこれと同じだ。

年率23％の狂乱物価が7％に収まった場合、その差は15％である。しかし、これはなぜか耐えられる。むしろ23％のインフレより7％のインフレの方が心地よい。ところが3％のインフレからマイナス1％のデフレになった場合、その差がわずか4％だが人間は耐えられない。

つまり、同じ金融引き締めでもインフレの時とデフレの時では人々の感じ方が違う。デフレの時の引き締め気味の金融政策は猛毒であり下手をすれば人が死ぬレベルだった。ところが、インフレ時代には高すぎるインフレ率を下げるため、金融を引き締めることも、ときに必要であり、人々の生活はそれで楽になることが多い。一時的に景気が後退しても、基本がインフレモードならいずれ回復する。1940年から80年までは、それでうまく行っていた。

ところが80年以降は、徐々に物価上昇率が低くなっていく。こうなると景気を冷やしぎないために金融緩和策を打つべきだったが、当時の日本はバブルの生成と崩壊による政治の混乱が生じ、経済対策が疎かになった。元祖リフレ派の岩田規久男氏は、バブルの生成過程では金融緩和のやり過ぎに警鐘を鳴らし、バブルの崩壊過程では金融引き締めのやり過ぎに警鐘を鳴らしていたが、当時の政府および日銀はこの声に耳を傾けることはなかった。岩田氏が日銀副総裁として金融政策の当事者になるのは20年以上も経った2013年のことである。

その後、1993年に自民党は下野し、日本新党や社会党などの連立による細川護熙政権が始まる。ところが細川政権は1年もたず、あとを受けた羽田孜政権は2カ月で崩壊。ここで自民党、社会党、新党さきがけの三党連立による村山富市政権に変わる。その村山政権も1年と少しで終わり、自民党の橋本龍太郎氏が首相となる政権が出来上がる。

だが橋本首相になって、1997年に消費税増税という悪手を打つ。しかも、2000年に日銀がゼロ金利を解除してしまう。1998年10月からマイナス圏に落ち込んだ日本のインフレ率は、その後14年にわたり再びプラスに浮上することはなかった。

ただし同じマイナスでも、マイナス2度からマイナス1度になるといったわずかな上昇局面もあった。水面に例えると、水中にいることは確かだが、水中で浮上することがあったのだ。それが小泉純一郎内閣と第1次安倍晋三内閣の時代だ。

当時の政策を続けていたら、いずれ物価はマイナス圏を脱し水面に浮上しただろう。しかし、第1次安倍政権は安倍首相の体調悪化などにより1年で終わってしまった。後を受けた福田康夫内閣や麻生太郎内閣は金融政策に理解がなく、またもや政権と日銀がチグハグな対策を取るようになる。

典型がリーマンショック後の経済対策だ。ボロボロになった日本経済を立て直そうと、当時の麻生内閣は事業規模で100兆円を超える財政政策を行った。だが日銀はこれに協力せず、麻生内閣は国債を大量に発行して、民間から資金を調達するしかなかった。

これは1章で述べたマンデル・フレミング効果が発動する条件を完全に満たしている。結果として1ドル=110円台から80円台へと円高がいっきに進んだ。気がつくと景気は回復しないのに、国債残高だけが増えている。麻生内閣に限らず、そんなことを繰り返してきたのが当時の日本だった。

日銀はなぜ金融政策を間違えたのか

ここで日銀の罪をあらためて指摘したい。デフレ下において中央銀行には、物価目標を達成するための金融緩和が求められる。手段として一般的なのは民間銀行が保有する国債を大量に買うことだ。必要なら政府から直接買っても良い。

要は2013年以降、黒田東彦総裁が行ってきたことをやればよかったのだ。ところが、黒田総裁以前の日銀には「金融政策の目標を政府と共有する」という概念がなかった。これは1998年の日銀法改正が大きい。

それまで大蔵省の完全な子会社だった日銀は、改正で金融政策の独立性を持てるようになる。改正のきっかけは当時の大蔵省の「ノーパンしゃぶしゃぶ」をはじめとする接待スキャンダルだ。大蔵省の役人に対する大手銀行や証券会社による過剰な接待ぶりがマスコミで報じられ、汚職事件にまで発展した。

大蔵大臣と日銀総裁は辞任、大蔵省は解体されて財務省と金融庁に分かれた。これに伴い日銀も、中央銀行としての独立性を持てるようになった。このとき日銀は「独立性」を錯覚する。「もう政府の言うことは聞かなくていい」と考えるようになったのだ。結果として「インフレ率2％を維持するのに必要な貨幣量を供給する」という、本来の役割を無視するようになる。

日銀は独特の理論を持ち、インフレ退治には積極的だが、デフレを抑えることには消極的だ。そのため、すべてが後手に回った。それを14年間やり続け、「これはおかしい」と気づいた当時の安倍晋三氏が第2次安倍政権において日銀に黒田東彦氏を総裁として送り込み、ようやくデフレ退治に乗り出すのだ。

それぐらい役所というのは、一度決めたことを修正したがらない。いまでも日銀は根っこの部分では変わっていない。

確かに日銀法には「日本銀行の金融政策の目的は、物価の安定を図ること」としか書いていない。「インフレ率何%」などと具体的な数字は掲げられておらず、当時の白川方明総裁も「マイナス1%でも安定していれば『物価の安定』」などと嘯いていた。

業を煮やした当時の安倍首相が次の総裁を黒田氏に決めると、任期満了を待たずに白川氏は辞めてしまった。まさに責任逃れである。

白川氏が日銀総裁だった5年間で、日本人の自殺者はそれまでより5万人増えた。白川氏は5万人を殺したも同然だ。ある意味、大量殺人犯だと言う人もいる。

アベノミクスでようやく日本はインフレモードに向かいだした

それでも２０１２年に第2次安倍内閣が誕生し、アベノミクスを始めたことで日本経済は何とか水面まで浮上する。インフレはギリギリプラス。水準的にはデフレではない状態を安倍首相と黒田総裁がつくった。

アベノミクスで採った金融政策は、欧米がリーマンショックの際に行ったことと同じだ。貨幣量を増やし、金融のエンジンを全開にふかす。これによりインフレ率がマイナスになるのを食い止め、デフレを回避した。

日銀が目標とするインフレ率は２％で、「アベノミクスは達成できなかった」という声もあるが、水面下から水面に浮上したことは非常に大きい。実際、５００万人以上の雇用も新たに創出し、日本経済はどん底からV字回復したのだ。そうした中で２０２０年にコロナショックが起こり、全世界がインフレモードに突入しだす。すでにアベノミクスによって、物価がマイナス圏を脱していた日本には追い風だ。もちろん、それはインフレ方向に吹いている。その風は40年止むことはないだろう。

供給不足で加速する世界のインフレモード

デフレの時代はモノ余りの時代でもあった。世界中でモノ余りが起きていたので、中国という「世界の工場」は大活躍だった。タダ同然のモノを、中国で製品に組みあげれば、なんでもタダ同然。世の中では「持たざる経営」がもてはやされ、多くの経営者は世界の隅々まで伸びたサプライチェーンで無限に仕入れと生産ができるかのような錯覚に陥った。

ところが、世界中から安い部品や素材を探し出し、人件費が安い場所で組み立て、完成品を安く売る時代の到来だが、そのモデルがここへ来て崩壊しつつある。

原因の1つは、コロナ禍で生産活動や流通が阻害されたことだ。世界中で在庫の循環が狂いだし、その余波は2023年になってやっと収まりそうだという人もいる。確かに、海運を中心とする流通は2022年にほぼ解消されたが、生産活動のほうは完全には戻っていない。

生産活動が戻らない理由の1つは、2022年2月に始まったロシア・ウクライナ戦争だ。西側諸国のロシアに対する経済制裁により、ロシア産の原油の供給が滞り、原油や天然ガスの価格高騰を招いていた。これが生産活動の復活を阻んでいる。

加えて経済安全保障に対する、危機感の高まりもある。ロシアや中国のような権威主義国家にサプライチェーンの一部を委ねていると、部品や素材、完成品を戦争の道具に使われかねない。その危険性に西側諸国が気づき、これらの国とのデカップリング（切り離し）が始まりだしている。

ロシアが今後、世界のサプライチェーンから隔絶されることは間違いないが、中国についても所謂西側諸国はかなり距離を置く方向に向かっている。とくにアメリカは、今後起こるだろう台湾有事に備え、具体的な動きを始めている。

今後は国際的なサプライチェーンの組み換えが起こらざるを得ず、中国は西側諸国のサプライチェーンから切り離され、「世界の工場」だった時代は終わりを告げるだろう。

２０２２年５月にはアメリカのニコラス・バーンズ駐中国大使が、中国に進出しているアメリカと日本の企業のトップを招集した。話の内容は公開されていないが、何を話したかは明らかだ。要は「中国から撤退しろ」である。

アメリカは中国への経済制裁を本気で行うと決めた。だから「早く中国から撤退せよ」

というわけだ。かりに何も言わなかったとしても、言わんとしていることはわかる。本社にメッセージとして伝わっているはずだ。

そうした流れを受けて、日本企業に早速、動きが出てきた。エアコン最大手のダイキン工業は2023年度中を目処に、性能や競争力に直結する部品を完全に内製化することを決めた。生産に重要な影響を及ぼす部品についても、中国以外の拠点からも調達できるようにするとしている。

大手自動車メーカーのホンダも国際的な部品のサプライチェーンを再編し、中国とその他の地域のデカップリングを検討すると発表している。

ただし中国依存度の高いホンダにとっては苦肉の策で、「中国を含むもの」と「中国を含まないもの」という2本のサプライチェーンを構築するという。東南アジアなどに出荷する製品については中国もサプライチェーンに含み、ヨーロッパやアメリカに出荷する製品は中国をまったく通さずに完結させるようだ。

アメリカ国務省が出した半導体に関する強烈な輸出管理規制

アメリカ主導で始まった中国経済とのデカップリングは、なかでも半導体が顕著だ。すでに2022年10月から中国の半導体に対する制裁を開始、アメリカ国務省は規制内容について100ページ以上に及ぶ新しい輸出管理規制を発表している。

規制内容については元商務省次官補で産業安全保障局（BIS）職員だったケビン・ウォルフ氏がポッドキャストで語っていて、要約すると以下のようになる。

●これまで規制されていなかった高性能コンピュータ、集積回路、おもにグラフィック・プロセッシング・ユニット、そしてそれらを搭載するコンピュータやその他の電子システムに対して、新たな規制を設ける。

●中国でのスーパーコンピューターや半導体の開発・製造に使用される品目も対象。民生品だからという言い訳は通用しない。

●中国におけるほとんどすべての種類の半導体製造装置の開発・生産に使用する部品やコンポーネントなど、あらゆる品目をアメリカから中国に輸出することも規制する。

●10月12日からアメリカ人（企業、個人、または基本的に彼らのために行動するすべての人）が、高度なNANDロジック、またはメモリを生産する施設で外国製物品の出荷、転送、（出荷、転送の）円滑化、整備の面で支援を行う場合、これらの行為は管理対象事象となる。

- 個人事業主が外国企業のために海外で働く場合も、アメリカ企業とその外国代理人が海外で働く場合も、10月12日にはライセンスが必要な規制対象行為となる。

これらの規制により、中国ではアメリカの技術を使った半導体生産が、ほぼできなくなる。11月には日本やヨーロッパにも、同様の制裁を行うように要請した。11月1日の『日本経済新聞』が大々的に報じている。

バイデン米政権は先端半導体の対中輸出規制について、日本など同盟国にも同様の規制の導入を求める。関係国政府と協議して早期の合意をめざす。米国では半導体の技術者が中国から引き揚げるなど対応を迫られている。日本の半導体産業でも米中対立の影響がさらに強まる見通しだ。

日本政府関係者によると、米国からの打診を受けて政府内で調整に入った。米国による対中規制のうち、どのような内容なら追随できるか議論している。欧州連合（EU）

や韓国の動向も見極める。
（中略）
商務省は企業の許可申請を原則拒否する方針で、規制対象の中国事業が事実上できなくなる。違反すれば行政処分のほか、企業や経営陣が刑事罰に問われる可能性もある。
（https://www.nikkei.com/article/DGXZQOGN280H80Y2A021C2000000/）

こうした半導体規制は、おそらくこれ以上緩められることはない。むしろ強化される方向に進む。半導体は「産業のコメ」と呼ばれるほど、あらゆる製品を動かす中核を担っている。半導体を中国に依存する体制から、できるだけ早く脱却するのがアメリカの意志であり、中国を脅威と考える自由で開かれた社会、西側諸国全体の意志だ。

デフレ時代のサプライチェーンは、中国が大きな割合を占めていた。これを再構築するとなれば、かなりの混乱が生じる。混乱している間の物づくりは、当然これまでのようにいかない。非常に厳しい供給不足が、今後しばらく続くことになる。

ただじつを言うと、隔離措置が発動される以前から中国はすでに「世界の工場」ではなくなりだしていた。中国で部品を製造している経営者を何人も知っているが、彼らが口を揃えて言うのが、２０２１年頃から徐々に中国での物づくりが難しくなったということだ。中国の工場側が「原材料が高騰して、いままでのような条件では生産できません」と音をあげるケースが増えているのだ。

「だから値上げしてください」ではない。「つくれないので、ほかを探してください」と断られる。そこからベトナムをはじめ、東南アジア諸国にサプライチェーンを移す経営者が増えている。

その意味では「世界の工場」としての中国は、すでに終わりに近づいていたが、世界的なインフレの潮流がそれをダメ押ししたのかもしれない。

習政権３期目で世界の投資家からも見離される中国

「世界の工場」としての中国に限界が見えだした別の理由として、ゼロコロナ政策の問題がある。人々は収容所にいるかのように自由を奪われ、出勤のための移動もままならない状況だった。

これは習近平政権が独裁色を強めていることから来る問題でもある。すべては習近平がゼロコロナ政策に拘り、それをなかなかやめようとしなかったことに起因する。

新型コロナウイルスの感染拡大が始まりだした頃、世界中で感染爆発が起きたが、中国はゼロコロナ政策でこれを抑え込んだという成功体験がある。西側諸国では死者がどんどん出ていた状況の中で、中国は確かにゼロコロナ政策で感染爆発を抑えていた。しかし、問題はゼロコロナ政策が長期的には維持不可能だったという点だ。

習近平はゼロコロナが成功したと喧伝した手前、ゼロコロナ政策で経済が立ちいかなくなっても、やめると言えない。結果として、ゼロコロナ政策を惰性のように続けるしかなかった。

しかし、２０２２年11月になるとついに中国人民の怒りが爆発した。いわゆる、「白紙革命」の始まりだ。習近平の出身大学である清華大学でも大学生が白紙を掲げて抗議する姿が世界中に配信された。しかも、通常ではありえない習近平退陣、民主化を求めるというたメッセージも連呼された。全国にあっという間に広がったこの運動を見て、恐れをなした習近平は突如トップダウンでゼロコロナ政策を解除した。これで一件落着と思いきや、事態は思わぬ方向に展開する。何の準備もないまま規制をすべて解除したことによって、今度は中国国内で感染爆発が起こってしまったのだ。２０２２年12月26日の『朝日新聞』は次のように報じている。

早期に7億人到達？　中国のコロナ感染爆発、専門家「妥当な数字」（『朝日新聞』）

中国で新型コロナウイルスの感染者急増に歯止めがかからない。感染者数は早期に14億の人口の半数に達するとの見立てもある。「ゼロコロナ」政策を続けてきた中国で、なぜこれほど感染が拡大したのか。今回の波はいつピークを迎えるのか。専門家への取材やデータ予測から探った。

（中略）

香港大学公共衛生学院のベン・コーリング教授（感染症学）は、「過去の世界のどの地域よりも速いスピードで感染拡大が進んでいる」と指摘する。「近いうちに全人口の50％が感染するだろう」という。

（https://www.asahi.com/articles/ASQDT5RNVQDSUHBI00M.html）

これもひとえに習近平政権の独裁体制の弊害だ。２０２２年10月の中国共産党党大会で

３期目が確定したことで、それはさらに拍車がかかっている。政権の顔ぶれは習近平国家主席のイエスマンばかりで、これは中国経済の終焉がいよいよ近いことを意味する。

アメリカの通信社ブルームバーグは10月25日、習政権の３期目が決まった直後、アメリカ市場に上場する中国株が急落したと報じている。

中国株65銘柄で構成されるナスダック・ゴールデン・ドラゴン中国指数は前週末比14％下落し、２０１３年以来の安値で終了。時価総額は約９３０億ドル（約13兆８６００億円）消失した。インターネット関連大手のアリババグループとＪＤドットコム（京東）、百度（バイドゥ）はいずれも少なくとも12％下落、拼多多（ピンドゥオドゥオ）は25％下げた。電気自動車（ＥＶ）メーカーの蔚来汽車（ＮＩＯ）は16％、理想汽車は17％それぞれ値下がりした。

(https://www.bloomberg.co.jp/news/articles/2022-10-24/RK9GATDWLU6801)

中国の香港株式相場も同様で、アリババやテンセント・ホールディングス（騰訊控股）など、インターネット関連株で構成されるハンセンテック指数は10％近く下落、これはリーマンショックのあった２００８年11月以来の大幅安だ。中国本土の代表的な株価指数であるＣＳＩ３００指数も２・９％の下落で、まさに総崩れの様相になっている。

３期目が決まったことで、習近平主席は新たに5年の任期が保証された。経済引き締め路線が5年以上続くことになり、これに対して投資家が中国株の投げ売りを始めたのだ。またイギリスの通信社ロイターは10月24日の記事で、この急落について「中国の習近平総書記率いる新たな指導部が民間部門の成長を犠牲にし、イデオロギー的政策を優先するとの懸念が広がった」と分析している。（https://jp.reuters.com/article/usa-stocks-china-adrs-idJPL6N31P0BE）

実際、中国では習近平政権下で、さまざまな民間部門が消失した。典型が学習塾禁止令だ。中国では教育産業が非常に大きなボリュームを占めていたが、この禁止令によって業界そのものが消滅してしまった。

先のロイターの記事では、アメリカの電気自動車大手テスラについても触れている。テスラが２０２２年に初めて中国でのセダン「モデル３」と多目的スポーツ車（ＳＵＶ）「モデルＹ」の価格をそれぞれ引き下げた。これにより中国の自動車需要が軟化している兆しが示され、これが小米汽車や理想汽車などＥＶ各社の重しとなったという。
また10月25日のブルームバーグは「習近平氏が投資リスクに、記録的な中国株下落で露呈―権力集中を嫌気」とも報じている。

グロー・インベストメント・グループの洪灝チーフエコノミストは、貧富の格差是正を図る「共同富裕」や、国内外の双方から経済発展を促進する「双循環」といった、習氏が掲げる政策目標が受け入れ可能かどうかを投資家は決めなければならないと指摘。「これら新しい一連の価値観」が今後数年間の投資目標と一致するかどうかを検討する必要があると24日にブルームバーグテレビジョンに語った。

(https://www.bloomberg.co.jp/news/articles/2022-10-24/RK96B8T1UM0W01)

同記事では中国国家統計局が24日に発表した7―9月のＧＤＰ成長率は予想を上回ったが、「それでも中国市場を巡るセンチメントは悪化した」とも報じている。当然の話で、当初18日に発表する予定だったＧＤＰを6日も遅れて発表したのだから、何かしら改竄があると思われても仕方ない。

ヘッジファンドのライトハウス・インベストメント・パートナーズでアジア債・通貨を取引しているブライアン・クアルタロロ氏も「データの出し方に対する政治的な演出と指示を市場が懸念しているのは明白だ」と同記事では報じている。

神の手ならざる「見え見えの手」を突っ込みすぎているのではないかと、市場は不安視しているのだ。

中国の富裕層も見限りだした

不安を感じているのは市場だけではない。中国の国民も不安を抱いている。すでに中国の富裕層は中国から脱出する傾向を強めている。中国問題に詳しいルポライターの安田峰俊氏が10月24日の時事通信で以下のような興味深い話をしている。

メディア界の重鎮や知識人、富裕層が、続々と中国から逃げ出している。脱出先としてシンガポールに次いで人気があるのが日本。文化的に近く、比較的低い予算で定住できる。自分が知るだけでも、日本で言うなら大手雑誌の編集長クラスの大物や、数億円のビルをぽんと買えるような大金持ちが来ている。永住するつもりで家族を連れ、全財産を中国から持ち出している。

メディア人の脱出に関しては、習政権で言論空間が急速に狭まったことが背景にある。中国は「言論の自由がない国」というイメージがあるが、２０１２年まで続いた胡錦濤政権やその後の習政権初期は、かなり規制が緩かった。直接的な党批判さえしなければ、地方政府の政策批判や調査報道もでき、人権派の人たちが当局の取り締まりをインターネットでライブ発信することすらあった。こうした状況を覚えているメディア人は、当然現在の社会に疑問を覚える。天安門事件から30年の節目となった19年に一気に統制が強まり、この頃から見切りを付け始めた人が多い。

(https://sp.m.jiji.com/article/show/2837786?free=1)

私も飲食事業を手広く運営されているある経営者の方から似たような話を聞いた。日本の飲食フランチャイズの権利が、中国人の間で大人気らしい。日本でフランチャイズ店のオーナーになると、日本のビザを取りやすいからだ。

私がフィールドワークによって経営者から聞いた話と安田氏のコメント、さらにブルームバーグやロイターの伝えるところは、ほぼ一致している。まさに「苛政は虎よりも猛し」である。

「苛政は虎よりも猛し」とは、いまの習政権のような厳しい政治は、虎よりも恐ろしいという中国の故事成語だ。

孔子が山のふもとを歩いていると、一人の女性が墓の前で泣いていた。理由を尋ねると家族が虎に食い殺されたという。

「それなのになぜ、この地から離れないのか」と孔子が聞くと「苛政が恐いから、ここに住んでいる」と答えた。

そんな状況が、いまの中国で繰り広げられている。目端の利く人やお金を持っている人が、続々と日本に逃げてきているのだ。

不動産バブル崩壊から起こる社会不安

問題はこれだけではない。「後門の狼」ともいえる中国の不動産バブルが本格的な崩壊過程に入った。

当初はソフトランディングさせると言われていたこの問題だが、完全にハードランディング路線を突き進んでいる。中国の不動産業界は、ＧＤＰの30％を占める巨大産業である。その資金をいきなり止めたのだから、その後の阿鼻叫喚は疑うべくもない。

中国経済については、ジョークの意味も含めて次のようなことが言われていた。中国は共産主義国だから、問題が起これば当事者を全員逮捕し、牢屋に入れれば解決する。要は強権を発動すれば、どんな物事も解決するというわけだが、現実はそのようになっていないのである。

大和総研の経済調査部主席研究員・齋藤尚登氏が２０２２年8月31日に発表したレポート「中国：不動産に依存した経済発展の終焉」も、そのことを指摘している。（https://www.dir.co.jp/report/research/economics/china/20220831_023246.html）

中国で起きている問題の１つに、住宅ローンの不払い運動がある。この不払い問題を収めるために、かりに中国政府が仕掛り中の不動産をすべて購入したとする。この場合、仕掛り中の不動産については解決する。

とはいえ政府から受け取ったお金で、再び野放図な開発をすることは認められないだろう。その結果どうなるかというと、まさにタイトルのように不動産に依存した経済発展ができなくなる。

おそらく将来的には国有の不動産開発会社が中心となり、計画経済時代のような開発が行われる。民間はあくまでサポートするだけになる。

地方政府が融資のプラットフォームをつくり、どんどん開発していくというのが、これまで中国の高度経済成長のかなりの部分を支えてきた。そのやり方が今後は使えなくなるのだ。

加えて少子高齢化が進む中国では、生産年齢人口も減少している。ベビーブーマーが住宅を購入する年齢になると、住宅バブルが起こるというのが世界的に見られる現象だ。住宅のニーズ自体が減り、加えていままでのような野放図な開発ができないとなると、中国の不動産業は構造的な不況業種となる可能性が高い。

すでに述べたように不動産業界は、中国のGDPの30％を占める。これが20％まで落ちるのか、15％まで落ちるのかは不明だが、それだけ減るとなれば失業者も大量に出る。それを吸収するだけの新しい産業は、まだ生まれていない。本来なら半導体がその座を担うはずだったが、アメリカの制裁でできなくなった。

景気が大きく低迷し、大学生も卒業後に仕事のない状態が続いている。こうした状態に不満を持った人たちが習近平体制に不満を持ち、前述の白紙革命の中心を担った。

すべては繋がっていて、供給不足はアメリカの制裁だけでなく、中国の国内事情や習近平主席の独裁体制なども関係している。その結果、中国自身が国際的なサプライチェーンの中から、自ら離脱する方向に向かっている。

これは明らかにロシアのおかげだ。権威主義国家をサプライチェーンに組み込む危険性について、ロシアは西側諸国に存分に教えてくれた。皮肉にもロシア・ウクライナ戦争が彼らの危険性を再認識させ、サプライチェーンの再構築に向けた動きをいっきに加速させた。そこに中国の国内事情が加わり、中国を大きなプレイヤーとする低価格サプライチェーンが崩壊過程に入ったのだ。

「デカップリングは進まない」の間違い

ただ、このような見方に対し、異議を申し立てる人もいる。中国とのデカップリングについては、疑いの目を向ける人も少なくない。たとえば日本総研の三浦有史氏が「米中のデカップリングは進むのか」というレポートを２０１９年12月に発表している。（https://www.jri.co.jp/page.jsp?id=35560）

この三浦氏の論考での主要な論点は、中国の通信機器排除は広がらないというものだ。中国は新興国や発展途上国と関係を深めているので、中国依存がむしろ深まっている。ただし盟主としての求心力は弱まることから、冷戦時代のようなデカップリングは進まないと述べている。

しかし私は、「この分析は完全に外れている」と断言したい。まず通信機器の排除は、大きく進んでいる。２０２２年11月にアメリカはファーウェイやＺＴＥ（中興通訊）など中国５社の通信機器およびビデオ監視機器の輸入や販売許可を禁止すると発表した。

イギリスも同月、ロンドン市内に設置された中国製の監視機器を各部門のコアネットワークから切断し、取り外して交換するよう勧告している。

一方、三浦氏の言うように、新興国や発展途上国との関係が深まっていることは確かだが、今回のロシア・ウクライナ戦争によって、中国は約束を守らないことが明白となった。ウクライナが核による恫喝を受けた場合、中国はこれに対抗するとの覚書はなかったことになっている。その時の力関係や国益に適わなければ、あっさり距離を置く。そんな中国と今後も関係を深めたいと思うかは、かなり疑問だ。

さらに言えば、中央アジアから中東、ヨーロッパ、アフリカにかけての広域経済圏構想「一帯一路」も、ほぼ破綻している。

「東洋経済オンライン」は２０２２年10月14日、スリランカの破綻とその後に起きた政情不安によりマヒンダ・ラジャパクサ大統領が国外逃亡したことを挙げ、「一帯一路」が行き詰まっていると報じている。(https://toyokeizai.net/articles/-/624051)

そして、すでにバルト３国は「一帯一路」から完全に離反した。『ニューズウィーク日本版』(２０２２年８月22日)は「中国総スカン――『一帯一路』大逆風、バルト３国離反で行き詰まる外交」と報じている。

これについて説明を補足すると、「17＋1」という、中国が一帯一路構想の一環として10年前から主導してきた中東欧など17カ国との経済協力の枠組みがある。

バルト海沿岸のエストニアとラトビアは８月11日、この枠組みからの離脱を発表。これによって２０２１年５月に離脱したリトアニアと合わせてバルト３国が全て不在となった。さらに中国に批判的なスロバキアなどの国々も後に続く可能性がある。

こうした動きは、ロシアのウクライナ侵攻をめぐる中国の対応への不信感の表れだとみることができる。かつてロシアの帝国主義に苦しめられた中東欧諸国にとって、ロシアの侵略行為を糾弾せず、NATOに責任を押し付けようとする中国政府の姿勢は、受け入れ難いものがあるのだろう。

さらに、中国外交への逆風はそれだけではない。一帯一路では計画の不履行や参加国の「債務の罠」が大きな問題となっている。「17＋1」でもハンガリーとセルビアを結ぶ鉄道や発電施設の建設が大幅に遅れており、中国離れの流れを変えるのは容易ではないという。(https://news.yahoo.co.jp/articles/5c92ebd1985995c09ca9a830ac699e00535d2006)

このようにみると、世界中で中国離れが加速していることは明らかだ。しかしながら、そんな状況においても、日本国内には中国との関係維持・強化を望む勢力が根強く存在する。日中間の貿易をはじめ経済的な結びつきの強さを挙げ、「中国との対立は望ましくない」「アメリカがグローバルサプライチェーンから中国を排除できるはずがない」とする議論を繰り出しているのだ。

しかしながら、すでに述べたように、アメリカでは積極的に中国を排除するための規制がいくつも通っている。むしろデカップリングを進めようと、アメリカは日本やヨーロッパに対しても強く働きかけている。

ここで誤解しやすいのは「デカップリング」は、１００％の排除を意味しないということだ。米ソの冷戦時代も、アメリカや日本、西ヨーロッパ諸国はソ連や共産圏の国々と、一定程度の貿易をしていた。今後は、そのようなレベルになるということだ。

よって、中国への依存度は、今の半分以下にはなるかもしれない。日用品や服飾雑貨、家電汎用品などで、中国からの輸入品が一定数残る可能性はある。しかし、物量的にはかなりのデカップリングが実現すると私は考えている。

さらに重要なのは、安全保障に関わる最先端分野からのデカップリングが始まっていることだ。そこを冷静に見ることが大事で、「１００％デカップリングが完成していないから失敗」とする謎基準で判定しても無意味なのだ。

アメリカの中国に対する半導体規制は「輸出禁止」を基本としている。ただし理由を述べて許可を得られれば輸出できるので、最初のうちは運用が混乱する可能性もあるだろう。それでも方向性として、厳しくなる方向、厳しくしようとすればいつでもできる方向に進んでいることは間違いない。

長期的観点での話をしているのに「いまはまだ輸出できているからデカップリングでは

ない」という議論は、インフレ時代に入っているにも関わらず「またデフレに戻る」と思っている人と同じ思考だ。

「貿易量が多ければ戦争は起こらない」は間違い

デカップリングについては「中国との軍事衝突を避けるうえでも望ましくない」という議論も出ている。「経済的な依存関係が強いと戦争は起きない」という発想に基づくものだ。しかし歴史を見ればわかるように、実際は貿易量が多くても戦争は起こってきた。たとえば第1次世界大戦の直前、イギリスとドイツの貿易量は過去最大というほどに増えていた。しかし、それでも戦争は起きた。貿易が盛んな国同士は戦争が起こらないのではなく、むしろ盛んな国同士で戦争は起こりやすいのだ。

戦争が起こる原因は、緩衝地帯の扱いを巡ることが多い。なかでもいずれの国とも同盟を結んでいない、弱い緩衝地帯があったときだ。

その緩衝地帯を奪い取ろうとする国が存在し、それを阻もうとする国がいる。両者が対立して冷戦のような状態になることもあれば、実際の戦争にまで進むこともある。

今回ロシアがウクライナを攻めても、ポーランドは攻めない理由は簡単だ。ポーランドはＮＡＴＯ（北大西洋条約機構）の加盟国である。ポーランドを攻撃すればロシアはＮＡＴＯ加盟国すべてと戦わざるを得ない。もちろん、そんなことをすれば負けることは分かっている。だから、いくらポーランドを恫喝しても実際に攻撃はしてこない。

いずれにせよ、貿易量と戦争が起こる起こらないは関係ない。第２次世界大戦にしても、開戦直前、昭和10年代前半の日本とアメリカの貿易は盛んだった。とくに日本はアメリカの石油に依存していたが、それでも戦争は起こった。

貿易が盛んな国同士で戦争が起こるのも、ある意味、経済的に困窮した人びとが過激思想に走る行為と近い。これまで関係が良好だったからこそ、少し経済が悪くなると「あの国が悪い」となる。おかしな思想を吹聴する者が現れて末法思想を煽り、無謀な戦争に向かっていくのだ。

とくに民主主義でない国の人びとほど、そうした思想に影響されやすい。過激思想に流され、一気に戦争に突入していく。アメリカと戦争したときの日本はまさにそうだった。

１９３０年代の大恐慌で人々の心は荒みまくっていた。

当時の新聞は、いまのワイドショーの１００倍ぐらい力を持っていた。その新聞がいっせいに煽れば、世論が戦争に向かうのも当然だろう。

その意味ではインフレでもデフレでも、究極に進んで経済が混乱すると、人々は救済を求めて戦争を求める可能性がある。それを避けるには経済失政を防ぐことが最も重要だ。

とはいえ、万一戦争のリスクが顕在化した場合、それを押しとどめるのが国際秩序の役割である。第二次世界大戦後の世界は「武力による現状変更の禁止」が絶対のルールであり、国連の安保理はこのルールの守護者であるはずだった。ところが、その常任理事国であるロシアが全くその秩序を守っていない。中国も台湾侵攻を口にしているが、これも「条件しだいでは守らない」と言っているに等しい。北朝鮮に至っては守る気なんてさらさらない。

今回のロシア・ウクライナ戦争を見れば分かる通り、最初に戦争を仕掛けるのは権威主義国の方だ。だから、われわれ民主主義陣営はつけ込まれる隙を見せてはならない。ウクライナのように運悪く緩衝地帯のようなポジションにある国はできるだけ早く集団安全保障の枠組みに組み込むべきであろう。

ただしその役割を国連だけに担わすことには問題がある。そもそも、国連憲章自体が、国連は万能ですべてに対応できるとは謳っていない。加盟国の自助努力によって国際秩序を維持することを何ら妨げる規定はない。だから、ＮＡＴＯのようなもっと大きな条約機構を構築して地域の安定を図ることも正解だ。日本なら日米安全保障条約やクアッド（日米豪印４カ国戦略対話）がこれに当たる。当時の安倍首相が提唱したクアッドが設立されたことで、日本はアメリカ以外にも味方ができ、連合軍を組めるようになった。クアッドは「自由で開かれたインド太平洋」の実現に向け、幅広い分野で実践的協力を進めていくことを目的とした日米豪印の４カ国連合である。まさに安倍元総理の価値観外交の果実だといっていいだろう。

こうした共通の価値観に基づいた枠組みを持つことが大事で、そこが日本が中国やロシアといった権威主義国とは違う点だ。彼らに「同盟国」という発想はなく、考えているのは相手を出し抜くことだけだ。孤立した個々の権威主義国家を、国際秩序並びにＮＡＴＯ、クアッド、日米安保を中心とする「自由で開かれた」という価値を共有する仲間で包囲していくことが重要だ。

豊かになっても中国は民主化しない

中国やロシアのような権威主義国に対する見方は、この10年ほどで大きく変わった。10年前まではこれら権威主義国家も経済的に豊かになれば、いずれ民主主義国になると考えられていた。これはアメリカの「パンダハガー（パンダを抱く人＝親中派）」と呼ばれる人たちが唱えていた説で、１９７８年の米中国交正常化以来、40年ほど信じられてきた。

だが２０１４年頃から、中国がいくら経済発展をしても民主化しないことに気づく。アメリカの政治学者マイケル・ピルズベリーが『Ｃｈｉｎａ２０４９』で中国の野望に警鐘を鳴らしたこともあり、アメリカの親中派がいっきに手のひらを返すようになった。

中国はどれだけ経済発展しても、民主主義国家になるつもりがない。むしろ豊かになった分で軍事力を強化し、アメリカを脅かそうとしていることにようやく気づいた。そして２０１６年にドナルド・トランプ大統領が誕生すると、いよいよ中国との対立路線が鮮明になった。

ただし中国と対決するための武器は、すでにバラク・オバマ大統領の時代から準備されていた。2016年に署名されたTPP（環太平洋パートナーシップ協定）もその1つで、ここには中国は加盟していない。逆に包囲網を組む形になっていた。トランプ大統領時代にアメリカは脱退してしまったが、すでに布石は、オバマ時代から打たれていたのである。

また2012年の第2次安倍内閣の誕生も、日本の対中政策を一変させた。また、2015年に中国の株式バブルが崩壊し、中国経済の綻びが見えだし、経済面でも離れるリーダーが徐々に増えていく。親中派だった当時のイギリスのデーヴィッド・キャメロン首相も総額約7兆4000億円の投資・貿易を約束しながら、結局、履行されないまま退陣した。

長らく蜜月関係を続けてきたオーストラリアも、チャールズ・スタート大学のクライブ・ハミルトン教授が2018年に『サイレント・インベージョン（静かなる侵略）』を刊行したあたりから態度が豹変する。

同書は中国がオーストラリア政府の目の届かない地方自治体に食い込んだり、中国の民間企業や留学生を上手く使ってオーストラリアをコントロールしようとしている様子を告発したもので、大きな衝撃をオーストラリア社会にもたらした。以後、オーストラリアは対中強硬路線を取るようになる。

この本は当初、中国からの抗議を恐れて出版社が決まらず、3社ほどあたって、ようやく出版できたという代物だ。これがベストセラーになり、日本をはじめ世界中で翻訳され、中国が他国で行っている工作活動が白日の下にさらされるようになった。

地政学者の奥山真司氏も述べているように、中国が長年かけて徐々に打っていった布石がしだいに顕在化し、ここへ来て対立が明らかになったのだ。

そうした世界の変化を認めず、「じつはアメリカと中国は、陰で話し合いをしている」「日本は出し抜かれる」といったデマを吹聴する人もいる。いわゆる右翼、もしくは極右勢力の人たちで、日米安保を毀損するような陰謀論を拡散している。

彼らは民主党政権時代だった2000年代から、このことを言い続けてきた。そんな彼らがいまはロシアの代弁者になり、ウラジミール・プーチン大統領のデマを拡散する側にいる。まさに「正体見たり」である。

いずれにせよ中国と西側諸国とのデカップリングは、ここへ来て突然出た話ではない。マスコミが気づかなかっただけで、国際情勢に詳しい人はとっくに気づいていたのである。

「ロマンスの神様」のミリオンヒットからわかること

以上、世界がインフレに向かう理由を40年周期説やコロナ禍における大規模財政出動、ロシア・ウクライナ戦争、中国とのデカップリングに伴うサプライチェーンの再構築など、さまざまな面から述べてきた。

インフレ時代になれば、これまでの成功パターンは失敗パターンになる可能性もある。すでに日本の企業で、これまでの勝ち組が業績を落とすケースが出だしている。典型が外食産業のワタミで、低価格路線が大きな曲がり角を迎えていた中、新型コロナの直撃を受けた。

一方でアパレルの製造小売業のユニクロは、低価格路線からの脱却を始めている。低価格の商品は新設のブランド・GUで扱い、ユニクロ自体はやや高価格帯のブランドイメージで売ろうとしている。全般的にデフレ型経営をやっている企業ほど、調子が悪い印象がある。

日本の経営者には、いまのインフレは短期で終わり、またデフレに戻ると思っている人

ワタミの売上高と当期利益の推移

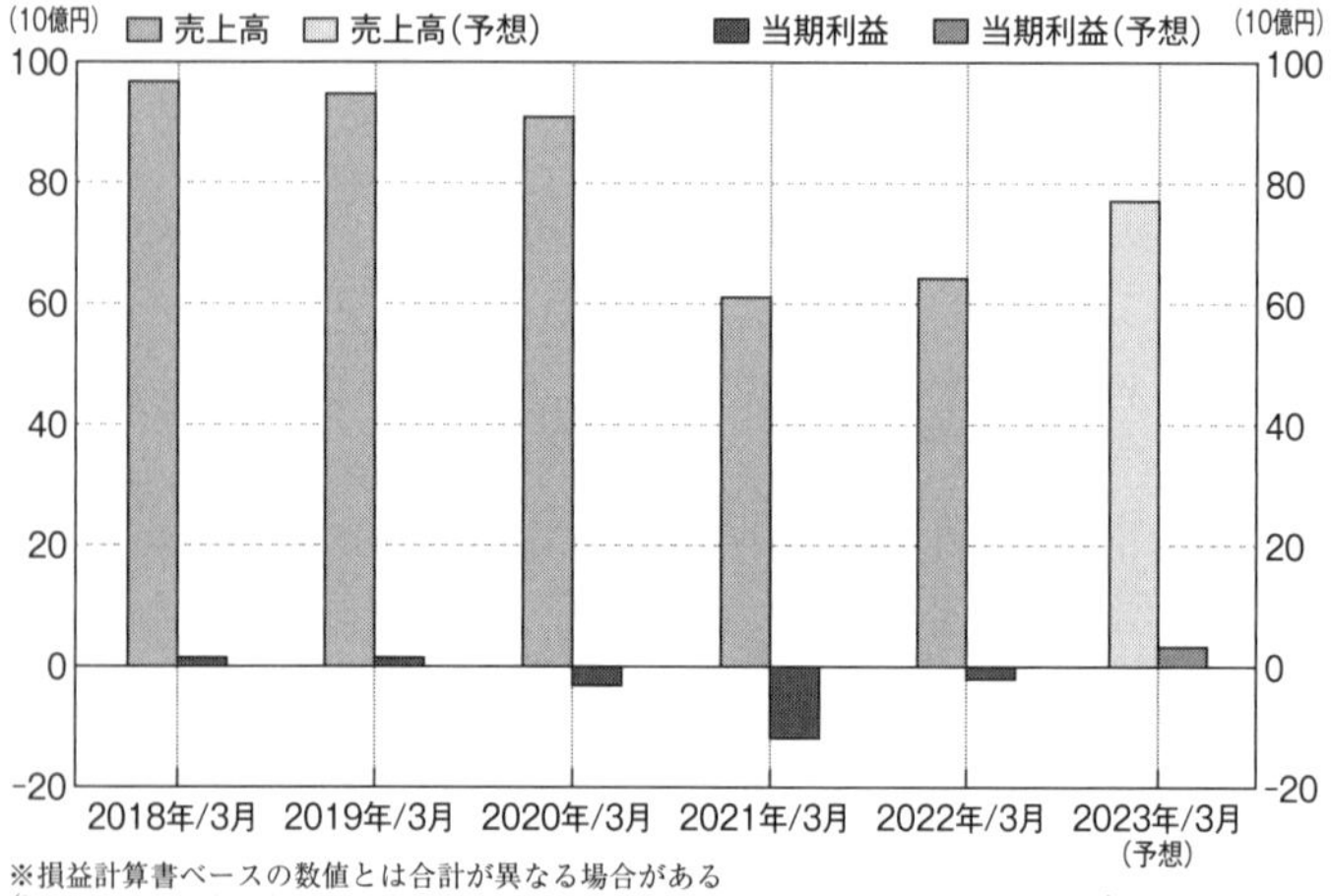

※損益計算書ベースの数値とは合計が異なる場合がある
（https://www.nikkei.com/nkd/company/kessan/?scode=7522#performanceFinancial）

が多いが、その考えは甘すぎる。すでに述べたように過去のデフレ、インフレのサイクルもいっきに転換するのではなく、「三寒四温」のように行きつ戻りつを繰り返しながら変わっていった。

　バブルの崩壊過程を思い出していただきたい。１９９０年１月には3万８０００円台だった日経平均株価が、年末には２万３０００円台にまで落ちた。91年には地価も頭打ちになり、本格的な下落が始まった。それでも多くの人が2、3年もすれば景気は回復すると思っていた。

　広瀬香美さんの大ヒットソング『ロマンスの神様』の発売はいつだったか。CDが１７5万枚売れたこの曲の発売日は、１９９３年

12月なのだ。

93年は私が社会人一年生だった年で、一部上場企業が、翌年の新卒内定者を軒並み半減させた年でもある。社会人一年生の私はリクルーターをしていたので、よく覚えている。私が内定を受けた前年の92年は内定者が90人いたが、93年は45人しかいなかった。

これは、私が勤めていた日本長期信用銀行だけの話だけではない。大学の弁論部時代の仲間の勤める伊藤忠商事も同様だった。当時の金融機関と商社を代表する2社が、内定者を半減したのだ。他の多くの企業も似たようなものだっただろう。いわゆる就職氷河期の始まりである。

つまり『ロマンスの神様』が大ヒットしたとき、日本はすでにバブルが崩壊していた。それなのに「リゾートで素敵な男性と出会いたい」といった、バブル全盛期のようなノリノリの歌がウケた。世の中の空気は、まだまだバブルだったのだ。

インフレ率も下がっていたのに、「来年は戻るよ」と誰もが楽観的だった。多くの人が現実に気づくのはいつかというと、日本長期信用銀行が経営破綻した１９９８年だ。バブル崩壊を１９９１年とすると、7年かけてようやく気づいたのだ。

今回のインフレも、２０２０年を始まりとすると、２０２７年頃まで気づかない人が多いのではないか？　感度の鈍い人はようやくここで、「もうデフレには戻らない」と気づくのかもしれない。

２０１２年11月の党首討論からインフレ時代は始まった

私自身はと言うと、かなり以前からインフレ時代の到来を予想していた。きっかけは２０１２年11月に行われた民主党と自民党の党首討論だ。

4章にも通じる話だが、経済学の知見に基づいて未来を見越して行動することで資産運用も適切に行うことができる。逆にその知見に逆らえば大切な資産を失いかねない。デフレからインフレに移りつつある中で、私がどのような投資行動を取ったかを以下紹介しておこう。

２０１２年8月、民主党政権の野田佳彦首相は「民主、自民、公明の3党合意で消費税増税法案を成立させたら、国民に信を問うため近く衆議院を解散する」と約束していた。ところが3カ月経っても解散せず、これに対して当時の自民党総裁だった故・安倍晋三氏が「全然解散しないじゃないですか。あなたは嘘つきだ」などと発言した。これを受けて野田首相が「だったら解散しましょう」と言ったのだ。

この発言に私は大喜びした。そして全力で株を買った。理由は簡単で、民主党政権は金融政策にまったく関心がなく、デフレを放置していた。失業者も放置し、就業者が30万人も減っているのに何もしなかった。

一方で安倍氏は、自民党総裁選の公約でアベノミクスの3本の矢のうち、第1の矢は金融緩和と述べていた。さらに2本目が財政政策、3本目が規制緩和で、安倍政権になれば金融政策が引っくり返ると私は確信していた。

そうなれば日経平均株価は必ず大きく上昇する。そこで党首討論の直後から衆院選の直後まで、連日、日経平均やTOPIXに連動するインデックス投資信託やETF（上場投資信託）を買いつづけたのだ。

実際、当時8000円台だった日経平均株価は、2018年には2万4000円を超えた。しかし、私はこの段階で持っていた株を全部売った。その理由は「100年に1度のショックは、10年に1度ぐらいの頻度で起こる」と学習していたからだ。

1991年にバブルが崩壊し、さらに2000年12月にITバブルが崩壊する。それから10年も経たない2008年には、リーマンショックが起きた。つまり10年プラスマイナス2年ほどのペースで、大暴落を招く事件が起きている。2008年から10±2年、つまり、2016年頃から私は嫌な予感がして少しずつ株を売りはじめていた。そして、リーマンショックから10年後の2018年に全部を手放したのだ。

その後の行動も述べておこう。2018年に株を売却してできたお金は、大半を債券やヘッジファンドの購入にあて、一部を現金で残した。その後しばらく大きな動きはなかったが、2020年にコロナショックが起こり、一時は日経平均株価が1万6000円台まで下がる。株をすべて売っていた私は痛くもかゆくもなく、むしろ債券が値上がりして喜んだ。

ヘッジファンドも、値下がり時の損失をヘッジ（避ける）するファンドなので、相場が30％ほど下がっても5％程度しか下がらなかった。一方、持っていた現金で値下がりした株を買いまくった。具体的には、アメリカの市場全体の動きに連動するS＆P500（S＆P500種指数）だ。

これが1年で急騰し、2020年のクリスマスで一度、手仕舞うことにした。その後も値上がりを続けたので、少し早まった感があったが、売ってできた現金で原油や小麦などコモディティ（商品）の指数に連動する投資信託を買い、これもまた高騰して現在に至っている。

総じて読みが当たったと言えるが、こうした読みはすべて経済学の知見に従っただけだ。デフレモードにおける貨幣量の変化が、経済に重大な影響を与えることはリフレの経済学の常識である。コロナ禍の大規模な財政出動によりデフレが終わり、マイナス１％のインフレ率が１、２％になるだけでも、株価が高騰することは容易にわかる。

逆に言えばリフレ派を批判する人たちの考えが正しければ、どれだけ金融緩和しても何も起こらない。だが現実には起きたのだから、どちらが正しいかという話でもある。

私がリフレ派でいるのは、理論がシンプルで予想が良く当たるからだ。

私は商売も、経済学の知見に基づいて経営判断を行ってきた。おかげで格闘技ジム13店舗、シミュレーションゴルフ2店舗、サウナ１店舗の計16店舗を持ち、さらにオンラインサロン「八重洲・イブニング・ラボ」などを運営する中小企業の経営者になれた。

公開株や金融商品への投資で儲け、事業でも儲けられたのは、ひとえに経済学の知見を正しく理解するリフレ派であったからだと思う。そんな私から見れば２０２０年以降、世界経済がインフレモードに突入したのは必然にしか見えないのだ。

第3章

インフレ時代の日本の産業

——日本が「世界の工場」を独占する?

インフレ時代に有利な「アリ的」な生き方

2章で述べたように、世界は今後40年インフレの時代になる。一方、これからの時代は西側諸国と権威主義国陣営による新冷戦の時代でもある。3章では「新しい世界構造の中で、日本経済はどうなるか、日本の産業はどう変わっていくのか」ということを述べていきたい。

まず大前提として理解したいのは、日本政府ならびに日本銀行は、伝統的にインフレへの対応は得意だが、デフレへの対応は苦手だということだ。いや、デフレへの対応は苦手どころではない。間違った手を打ちまくっていた。

イソップ寓話『アリとキリギリス』で言うと、日本人はアリ的な生き方が極めて得意だ。毎日毎日休みなく、せっせと働く。真面目に働くことで生活の安定が得られると考える。逆に遊びばかりを考え、散財ばかりしているキリギリス的な生き方は、道徳的にも社会的にも許容されない空気がある。

じつはデフレの時代には、キリギリスのほうが正しい。紙幣をどんどん刷って気前よく使ったほうが経済が活性化するし、失業者も少なくてすむ。デフレ時代は「パーリーピーポー（楽しく遊ぶ人たち）」な生き方のほうが、社会全体が活性化して、みんなが幸せになるのだ。

ところがアリ的生き方が好きな日本人は、キリギリスになれない。アリ的に生きるのを美徳と考え、デフレ時代でもアリ的に生きるから、むしろドツボにはまっていく。うまく行かなければ、アリモードをさらに強化する。「こんなに一生懸命やっているのに、なぜこの苦境を抜け出せないのだろう。もっと頑張らなくては！」と悪循環に陥る。

挙げ句、「これは我々が気づかない構造上の大きな問題があるからに違いない」などと、ますます思いつめていく。これでは、いっこうに浮上しない。

デフレのときには、キリギリス的にお金をどんどん刷って大盤振る舞いすれば、たいていのことは解決する。それだけのことなのに、それができないことに問題があった。日本人には「キリギリスになってはいけない」という集団的無意識が存在しているのかもしれない。

これは逆に言うと、日本人は「アリ的生き方」は得意ということだ。世の中が変わり、アリモードのほうが生きやすい時代になれば、日本は大きく伸びる。

実際、１９４０年代から80年代にかけて、日本経済は黄金時代を迎えた。戦後復興、高度経済成長から石油ショックを克服し、変動相場制への移行、さらにプラザ合意まで乗り切って最後はバブル経済になってしまった。ところが、バブル景気が始まった１９８０年代後半にはすでに世界経済はディスインフレ、デフレモードに移行していた。そこで慣れないキリギリスをやっていたら本当に冬が来てしまった。この時の経験は日本人の「アリバイアス」を強化してしまったのではないだろうか？　バブルでキリギリスやっていたら酷い目に遭った。だからやっぱりキリギリスではダメなんだ、アリなんだと……。

日本人の意識はいまも昔も変わらない。しかし、１９８０年代を境に日本経済が突然失速していくのは、外部環境が変わったことに大きな原因があったのではないか？　つまり「日本人はこうすればいい」ではなく、結局のところ日本人は、どんな環境でもアリにしかなれないのだ。

金持ちになってフェラーリを買っても、周囲から「調子に乗っていると足元をすくわれるぞ！」などと揶揄される。それを気にして、堂々と自慢できない。金持ちになっても幸せを感じられないのが日本人。

ならば無理しないほうがいい。アリのまま生きていれば、いずれ世の中がアリにとって住みやすい環境に変わる。それがインフレ時代であり、これからの40年である。

ついに来た「俺たちの時代」

インフレ時代とアリ的生き方の相性はいい。なぜなら、インフレの行きすぎは経済に悪影響をもたらすからだ。具体的にはモノの値段がものすごく上がり、高すぎて売れなくなる。売れないから、GDPは増えない。つまり物価は上がるのに、GDPが増えない状態になる。これがインフレ時における最悪の展開で、いわゆるスタグフレーション（不況下のインフレ）だ。

何らかの理由で貨幣が過剰供給となり、加えて、何らかの理由でモノの生産力が減退する。怠けて働かないキリギリスではモノ不足は永久に解消できない。キリギリス的な生き方では、うまくいかないのがインフレ時代だ。

逆に、アリ的生き方がうまく行く理由もわかる。

お金が余っている状態なので、せっせとモノをつくらないとモノが永遠に不足する。紙幣を刷って大盤振る舞いするだけでは、モノの生産は増えないし、インフレが進みすぎる。まさに怠けることを罪と感じる人たちに有利な時代なのだ。

このことは2022年の動きを見てもわかる。世界的に7％〜10％といった高いインフレ率になっているのに、日本は12月になっても消費者物価指数（CPI）は前年同月比3・8％、変動の激しい食料とエネルギーを除いたコアコアCPIなら、わずか2・5％だ。

日本と産業構造が似ていると言われる韓国でさえ、11月は5・7％だった。7月の6・3％からは若干ピークアウトしているが、それでも日本のほぼ倍になる。

アリ的生き方を好む日本人はインフレ率を極めて低く抑えていて、外国ではみなこれを称賛している。早くもアリモードが真価を発揮している。まさに「俺たちの時代」の到来だといえよう。

日本とドイツが「世界の工場」になる

外部環境が日本に有利に変わりだした一方、中国は、2章で述べたように西側諸国からデカップリング（切り離し）されていく。今後は中国の生産力を、どこかの国が肩代わりすることになる。では、どの国でつくるのか。

中国が「世界の工場」になる以前、世界のものづくり大国といえば日本とドイツだった。これに下請けとなる企業やサプライチェーンのある国々が加わる。

いまドイツの下請けとなる企業やサプライチェーンは、旧東ドイツなど東欧地域やイランにまで伸びている。だがこれらの国々は、ロシアとのデカップリングにより、今後は切らなければならなくなる。

一方、日本の下請けやサプライチェーンのある国は、韓国や台湾、さらに東南アジアの新興国となる。東欧地域やイランが切られれば、相対的にアジアの存在感が増してくる。ただし台湾は、中国と軍事衝突する可能性が高い。積極的に投資を行うのは厳しい状況にある。

韓国はどうかというと、どこを向いているかがわかりにくい。アメリカは中国への半導体製造装置の輸出禁止を決めたが、このとき韓国のサムスン電子とＳＫハイニックスの扱いも問題になった。

中国国内に生産施設を持つ両社への輸出は、当初は禁止することも検討された。「自分たちは中国企業ではない」と高をくくっていた両社は、その事態にかなり驚いたようだ。

最終的にアメリカは輸出を許可したが、一度検討された時点で、自分たちの立ち位置を自覚しただろう。

とはいえ今後の振る舞い方しだいでは、韓国企業はアメリカから半導体製造装置を売ってもらえなくなる可能性がないわけではない。サムスンやＳＫをはじめ、韓国の企業は自国で半導体製造装置をつくる技術を持っていない。アメリカから輸入できなくなれば、半導体の製造部門は完全に終わる。

そうなると残るは、日本と東南アジアの新興国しかない。つまりドイツと日本、さらに東南アジアの新興国が「世界の工場」になっていくわけだが、新興国にはリスクがある。２０２２年の欧米の利上げによって、２０２３年は新興国で経済危機が起こるリスクが高い。

アメリカの金利が上がれば、投資家はアメリカ国内で運用しても十分なリターンが得られる。無理してリスクのある新興国に投資するより、アメリカの債券で買って安定的な資産運用をしたほうがいいからだ。

その結果、新興国に投資していた資金の一部がアメリカに戻ることになるが、それは新興国にとっては資金不足を意味し、経済的にはかなりのダメージになる。

１９８０年代の南米債務危機、１９９７年に始まるアジア通貨危機、２０１０年に始まるギリシャ危機などは、すべてアメリカの利上げに起因する。

こうした動きを２０２２年７月２日の時事通信は「新興国、資金流出続く　米利上げで強まる警戒感」として報じている。

米連邦準備制度理事会（ＦＲＢ）など先進国の中央銀行が、歴史的な高インフレに対処するため利上げを急ぐ中、経済基盤が脆弱な新興国からの資金流出が続いている。流出は通貨安による物価高を招き、成長を圧迫しかねないだけに、各国は一段のショックに身構えている。

(https://equity.jiji.com/fed__boj__watch/fed/2022070200304)

さらに10月６日の『日本経済新聞』では「中国市場、海外マネー流出続く　『ロシア不安』も重荷」と中国からも資金流出が続いていることを報じている。

中国の金融市場からの海外マネーの流出が止まらない。外国人投資家は８月まで７カ月連続で中国債券の保有を減らし、その間に12兆円が流出した。株式も9月は単月で売り越しに転じた。景気の急減速や米中金利の逆転に加え、ロシアにまつわる地政学リスクを警戒する声も根強い。人民元への売り圧力も強まっている。

(https://www.nikkei.com/article/DGXZQOGM059S70V01C22A0000000/)

このまま資金流出が続くと、新興国はますます資金不足に陥り、間違いなく一時的な経済ショックが起こる。

経済危機は、利上げから少し遅れて発生するものだ。アメリカが本格的な利上げを始めたのは2022年3月だから、1年後の2023年3月頃から起こる可能性がある。そうなると東南アジア諸国は下請けも含め、ものづくりどころではなくなる。日本は自国で生産するしかなく、日本のものづくりにとっては、さらなる追い風となることも考えられる。

ちなみに1章でも述べたように、現在の日本の貿易収支も赤字で、資金が海外に流出している。ただしこれは、わざと出しているものだ。国内に有望な投資先がないから経常収支で儲けた資金を全部、海外に投資しているに過ぎない。対外純資産も日本は世界一で、東南アジアで起ころうとしている経済危機とは無関係だ。

新興国に経済危機が迫っているのは、東欧諸国も同じだ。東欧諸国はアメリカの利上げに加え、ロシア・ウクライナ戦争の影響もある。やはり経済的苦境に陥る危険があり、ドイツも自国での生産を増やすことになるかもしれない。

1970年代には世界中のものづくりを日本とドイツが担っていた。再びあの時代が戻ってくると私は思っている。

政府は何もしなくていい

ここで問題となるのが、これまで外国の下請けに頼っていた分まで働くことを、いまの日本人がよしとするかだ。働き方改革によって働くことは悪いことだとされる風潮があるのはとても心配だ。とはいえ、大企業が副業を解禁するなど、合法的に「モーレツ」な働き方をする余地はある。もし働けば働くほど儲かる状況になれば、日本人は放っておいても働くと思う。アリモードは世間的にも正しいとされているし、その点は心配ないかもしれない。

日本がアリモード全開で働いているのを見れば、世界中の投資家も日本にガンガン資金を入れてくる可能性がある。こうなればさらに日本経済は活性化する。

ちなみに、この手の話をすると、かならず政府に対して何かしら産業支援策を求める議論も出るだろうが、私はそれには反対だ。むしろ、政府は何もしないほうがいい。将来有望な産業は民間企業の自由な発想と自由主義経済による淘汰の中からしか生まれない。せっかく「日本人の時代」が来たのだから、何もしなくても勝手にうまくいく。そこで、社会主義的な産業政策など余計なことをしても、却って淘汰の仕組みの阻害要因にしかならない。

ところが、岸田文雄内閣は防衛費の増額に伴い、将来的な法人税の増税の道筋をつけようとしている。だが法人増税をすれば、日本進出を考えている企業や投資家が二の足を踏みかねない。海外から生産工場を日本に戻そうとしていた日本企業も慎重になるかもしれない。たった1兆円の財源のためにわざわざ負のアナウンス効果を喚起する必要は全くない。そんなものは経済成長という巨大な財源の前には誤差だ。政府は産業支援策も増税も何もしなくていい。何もしないのが、いちばん日本のためになる。

とくにいまの日本は経済が最も活況を呈する流れにある。外的環境も、すべて日本にとって追い風になっている。ところが増税の行方しだいではそれが台無しになりかねない。さらにそれは場合によっては、自民党に跳ね返ってくるかもしれない。

自民党が政権を失ったのは、いつだったか。バブル崩壊直後の１９９３年に日本新党の細川護熙代表を首相とする連立政権が誕生し、リーマンショック後の２００９年に民主党政権が誕生した。つまり大きな経済危機が生じたとき、政権交代が起きるのだ。

これは私が高校時代に思ったことでもある。当時左翼だった私は、社会党が衆議院選挙で勝てない理由をいろいろ考えていた。結論は「自民党政権下の経済状況は、それほど悪くないから」というものだった。

国民の多くは現時点での生活が大事だから、政権も現状のままでよしと考えて、自民党に票を入れる。逆に言うと経済危機が来れば、国民は自民党を見限って社会党は勝てると考えた。

実際、バブル崩壊により自民党は下野したから、この考えは正しかった。その後もリーマンショックで下野したのも同じ理由だ。ところが、自民党にはまだ反省が足りないように思う。その意味で隙あらば増税ばかり考えている財務省の操り人形、宮沢洋一税調会長は、今後の自民党や日本経済にとってキーマンとなるかもしれない。

しかも財務省や宮沢会長の考える増税案は、前提とする経済見通しが間違っていることが問題だ。２０２２年度の政府の経済見通しを見ると、物価の変動の程度を表すＧＤＰデフレーターが０・４％になっている。

現実の物価は12月の段階でコアコアＣＰＩが２・５％だから、インフレ率の想定が低すぎる。現状をもとに計算すれば、彼の言う増税案になるはずがない。

やるべきことがあるとすれば、むしろ減税による再配分で、逆に補助金は減らす。補助金もある種の再配分だが、現在の補助金は自民党の集票マシンである各方面の既得権益者＝「豪族」に配る構図にしかなっていない。豪族は日本の非効率の塊みたいな存在であり、ここを改革しないと生産性は上がらない。日本経済の復活には豪族的な非効率な部分を切除し、企業は真の意味でのアリになり、生産性を上げていく必要がある。

世界の人びとはモノ不足で困っている。日本が生産性を上げて、安くてよい物をどんどん出すことが求められている。生産性向上は人口減少が進む日本にあって、早急に進めるべき課題でもある。

それを妨げているのが、豪族らが跋扈する非効率な産業構造の分野で、これを温存する仕組みが天下りと補助金である。ここに思いきって大鉈を振るわなければならない。

消費税は減税し、富裕層の所得税率を上げる

豪族の中には周囲とのつきあいで、仕方なくやっている人たちもいる。効率化しようと思えばできるのに、業界の掟に縛られて現状に甘んじている人たちだ。そんな人たちに活躍してもらうことも大事だ。そのためには税の統廃合と簡素化に伴う減税、効率のよい再配分、これらを組み合わせる。

減税のメリットは語るまでもない。補助金のように税金で召し上げてから配るのでは、必ず歪みが生じる。現状で言えば、集票マシンになる豪族にばかりお金が流れる。そうならないためには減税して、最初から取らないようにする。

貧しい人たちを救うには、たとえば消費税を減税するという選択肢もある。消費税には逆進性があり、増税すれば貧しい人ほど負担が増える。逆に減税すれば、貧しい人ほど受ける恩恵が大きい。

すべてを減税するのが無理なら、現在は飲食料品や新聞に限定されている軽減税率の対象を増やし、例えば生活必需品や医療品も対象にする。海外には導入しているところもあ

り、日本でもそれを恒久化すればいい。

さらに言えば、すでに軽減税率の対象になっている食品の税率を現在の8％から5％に下げる。消費税ならすぐに実行できるし、消費者は払う額が減るだけだから搾取もない。確実に減税効果があるうえ、貧しい人ほど相対的に残る金額も大きい。

一方で富裕層の所得税率を上げる。これには、ちゃんとした理由がある。儲かっている経営者には自分の才覚を過信して「俺は自分の才覚でここまで成功した」などと言う人が少なくない。だが実際は違う。同じような事業を思いついた人は、おそらくその時点で100人、200人いたはずだ。彼は偶然勝ち残っただけで、運の要素も強い。

さらに言えば、社会のおかげでもある。この水と空気と安全は、社会全体でつくりあげたものだ。国民全体に支えられて大きく儲けたのだから、ある程度還元するのは当たり前のことだろう。

教養のない一部の経営者は、このことがわからない。「社会に生かされている自分」という感覚を忘れている。そんな人にもしっかり納税していただき、社会に還元してもらえばいい。

いまならマイナンバーを活用すれば、限りなく取り漏らしをなくせる。企業の利益は最終的に配当や給与・賞与といった形で、個人に払いだされる。そこにしっかり課税する。個人から補足しきれない分を取るために、法人税がある。つまり個人の所得を１００％補足できれば、法人税は不要になる。マイナンバーを活用する前提で法人税は下げて、富裕層の所得税率を上げればいい。

一方で宿泊税や入湯税といった、何のためにあるか不明な税金は廃止する。酒税とたばこ税の場合、喫煙者やお酒を飲む人には健康被害があるので、医療の財源として残してもいい。このように税金は論理的に説明できるものや、現在の課題に適ったものに集約していく。

働けない人や所得の低い人にきちんと再分配するのは、いわゆる〝やけくそ層〟を生まないためもある。〝やけくそ層〟が生まれれば、れいわ新選組や参政党、ＮＨＫ党の議席が増えかねない。私はこの3党を〝やけくそ3党〟と呼んでいる。

3党のうちＮＨＫ党には私の知人も多く、ＮＨＫの経営改革などまともな主張もある。逆に、れいわ新選組と参政党に至っては、親露派、陰謀論を垂れ流していて非常に問題が多い。私からすればこの2党は論外だ。経済的に困窮した人は過激思想に走りやすく、そうした人たちがやけくそ層に堕ちていく。やけくそ層を増やさないためも、再配分をきちんと行っていく必要がある。

企業にはハイパー減価償却を

減税に関連して、もう1つ期待したいのが「ハイパー減価償却」だ。これはイタリアなどで実施されている研究開発や設備投資に対する減価償却期間の大幅な短縮制度だ。インフレ時代の製造業は放っておいても経営がうまく行くが、減価償却を早めて研究開発や設備投資をサポートすれば、その経営の成長スピードをさらに加速できる。

「ハイパー減価償却」は、楽天やサイバーエージェントなどインターネット関連の企業で構成される経済団体「新経済連盟」が提言している。新経済連盟が作成した「コロナ問題を乗り越えるための税制提言」では、イタリアでの導入事例を引用しつつ、「インダストリー4・0」と呼ばれる製造業のオートメーション化やデータ化、コンピュータ化に関する投資に、最大170％の償却を認めるという案を提唱している。

日本が導入する場合は「オンライン診療などの医療システム、物流の基幹システム、通信分野の核心的システム等への投資について、取得価額の200％分の減価償却を認める」などとも提言しているが、私は分野をもっと広げてもいいと思う。

ハイパー減価償却の導入は国民民主党も提言している。デジタル投資を進めるために、DX（デジタルトランスフォーメーション）に向けた設備投資額の最大100％の法人税からの控除を5年間の時限措置で行うというものだ。

いま日本の経営者には、投資に対して腰が引けている人が多い。2章でも述べたように現在のインフレは限定的で、またすぐデフレに戻ると考えている人が多いからだ。だが現実はインフレに向かって進んでおり、需要に対する供給不足は恒常的に生じる。生産力を強化して物をどんどんつくらねば、インフレが過熱しかねない。狂乱物価を防ぐには、積極的な設備投資が不可欠になる。

ここで大事なのが、政府が最初の一押しをすることだ。またデフレに戻ると思っている経営者は、将来的なコスト負担増加を嫌って設備投資に二の足を踏む。ハイパー減価償却は、そんな経営者が設備投資に前向きになる動機付けになる。たとえば3年だけハイパー減価償却を認めれば、それだけで設備投資のフィーバーが起こる。

どうしても分野を限定したいなら「IT投資に限る」とすればいい。どの企業も減税措置を受けるため、無理にでもIT投資を絡めてくる。結局どんな投資でも、ハイパー減価償却の対象になる。

設備投資により多くの商品を効率的に生産できるようになれば、企業が儲かれば、支払う法人税も増える。あるいは従業員の給料を増やすことで、所得税が増える。減価償却分を節約したい企業から税金を取るより、設備投資に積極的な企業に税金を払ってもらう方が賢くないだろうか。結果的に税金が取れるのだから、国全体としてみれば同じことだ。

いまのタイミングでハイパー減価償却を行えば、日本企業が中国から撤退するインセンティブにもなる。たとえば中国は厳しい資本取引規制をしているので、作ってしまった工場を売却したところでその金を日本に持ち帰るのは困難だ。ならばハイパー減価償却ができるうちに、中国の生産設備を全部売り払い、日本で新たに工場を建てればよい。中国に投資した資金は回収できなくても、日本で新たに建てる工場新設分で節税できるからだ。

さらには、中国から日本への生産設備の回帰に対して、政府系金融機関が低利融資するなりすればなおのことよい。

日本企業がこぞって中国から撤退すれば、中国にとって大打撃にもなる。まさに一石二鳥で、その意味でもいまのタイミングで行うことは重要だ。

レパトリ減税に意味はない

国民民主党はハイパー減価償却のほかにもう1つ、レパトリ減税も提案している。これは「レパトリエーション」つまり海外に投資している日本企業が、海外子会社の資金を本国に戻すとき、あるいは海外の資産を売却するときの法人税や所得税を免除するというものだ。

レパトリ減税の目的は、海外に進出した企業の内部留保を日本に還流させようというものだ。日本企業が海外に内部留保している資産は37兆円にのぼる。その一部でもレパトリ減税で日本に戻してもらおうという意図なのだが、おそらくこれは難しいのではないか？

レパトリ減税は、すでにアメリカで実施されている。2005年、ジョージ・ブッシュ政権下で1年限定で行われ約3000億ドルがアメリカに戻ったとされる。しかし、ドナルド・トランプ政権が2017年に実施したレパトリ減税にはそのような効果はなかった。

なぜこうなったのか？　その理由は簡単だ。トランプ政権のレパトリ減税は恒久措置だったため、アメリカ企業は急いで海外子会社の資金を本国に戻す必要がなかったからだ。

そもそも、海外子会社の内部留保の大半が現金ではない。内部留保は大抵再投資されて設備に化けている。たとえば海外に30兆円かけて工場を建てたとする。このとき買った敷地の地価が上がったり、為替レートが変動して含み益が出たりすると、それも内部留保となる。つまり、海外子会社の内部留保を本国に戻すというのは、工場を売って現金化して戻せと言っているに等しい。

海外から撤退したいと思っている企業なら、これは嬉しい制度だろう。たとえば中国に建てた工場を売れば、おそらく含み益が出る。それを日本に持ち帰り、減税されるならありがたい。

だが現実には中国やロシアのような権威主義国では、工場を売って得たお金を日本に戻すことは認められていない。そう考えるとレパトリ減税で恩恵を得られる企業は、はたしてどれだけあるのか。

もともとレパトリ減税を言い出したのは、第一生命経済研究所の熊野英生氏など一部のエコノミストだ。２０２２年10月頃、１ドル＝１５０円まで円安が進んだときに「レパトリ減税が円安対策の切り札」などといった文脈で大騒ぎしていた。

根拠となったのが、ドル安局面でブッシュ政権が行ったリパトリ減税だ。海外子会社の利益をアメリカに還流したときの税率を35％から5・25％に下げたところ、アメリカは大変なドル高になった。同じことを日本もやれというわけだ。

だが当時のアメリカと現在の日本では、条件が違いすぎる。当時のアメリカは還流した配当金をすべて二重課税にしていた。海外で法人税を払っているのに、本国に戻したときにも税金がかかった。だから海外子会社は配当金を戻さず、海外で再投資していた。

第2次世界大戦後、アメリカの税制はそうした状態が続き、膨大な資産が海外に貯め込まれていた。そうした中、「1年間だけ税金を取りません」という期間限定のレパトリ減税を行った。そのためこの時期に集中して戻り、ドル高になるぐらいのインパクトになった。

だが日本は配当金や金利に関しては、すでに2009年から恒久的なレパトリ減税を行っている。海外で得た配当金や金利を国内に戻すときは、95％が非課税になっているのだ。例えば、1億円を戻すなら9500万円が非課税で、500万円にだけ税金がかかる。この500万円にかかる法人税は約30％だから、払う税金は150万円に過ぎない。

そのため日本企業は配当金や金利を、海外に残す意味がない。いまさらレパトリ減税をやっても、ほとんど関係ないだろう。

そう考えるとレパトリ減税は、円安対策の切り札にはならない。そもそも今回の円安は1章で述べたように、一時的な市場のオーバーシュートに過ぎない。それを構造的要因と考えるから、おかしな解決策を議論することにもなってしまうのだ。

目端の利いた商人に任せればいい

そもそも、日本政府が為替レートのコントロールを目的に政策を行うこと自体が間違いだ。日本は変動相場制の国である。経済政策は為替レートの維持に使われるべきではない。

本来政府が行うべき経済政策は①成長、②安定、③再分配である。中でも特に、②の安定政策は政府にしかできない。なによりも大事なのは物価の安定である。マイルドなインフレを実現し、二度とデフレに陥らないこと。まずはこれを達成しなければ①と③をいくらやっても無駄だ。

次に、①について政府ができることはあまりない。イノベーションは自由な競争の中からしか生まれない。多くの人がリスクを取って新しいアイデアを形に変え、市場による淘汰を経て残ったものがイノベーションなのだ。

ところが、今の日本は規制が多すぎてなかなかリスクが取れない。政府は最低限のルールを決めるだけにした方がいい。そうすれば目端の利いた商売人たちが、「ここまでならリスクが取れる」と自分で勝手に判断して行動する。隙あらば税率を上げるような不安定な政策ではなく、自民党の誰が首相になっても揺るがない政策にすることだ。

ちなみに、③の再分配政策は、格差が広がり過ぎて一部の人々が困窮し過激思想に走るのを防ぐ効果がある。再分配政策が不十分だと、国民の不満に付け込んで仕掛けてくる外国の影響力工作に対して脆弱な社会ができる。放置すれば社会的なコストは極めて大きくなるだろう。

日本は外からいい風が吹いているのだから、とにかく政府はよけいなことをしない。悪手を打たない。いま打っている悪手をやめる。それだけで十分だ。

また、岸田政権が異常なこだわりを持って推進している防衛増税についても一言苦言を呈しておこう。たかだか1兆円の財源などハッキリ言って誤差の範囲だ。今後日本経済はインフレモードに乗って成長する。そもそも、税収には以下のような方程式が成り立つからだ。

税収＝名目ＧＤＰ×税率

名目ＧＤＰ成長率＝実質ＧＤＰ成長率＋物価上昇率

さらに、現時点で政府の内部留保は天文学的な金額になっている。一番有名なのが外国為替資金特別会計（通称：外為特会）である。この特別会計には1・2兆ドルもの資金が積みあがっており、為替差益が30兆円以上あると言われている。さらに、国が中長期的な政策の推進のために設ける基金の2021年度末の残高が12兆9227億円に達している。これらの資金を防衛費増額に流用すれば少なくとも岸田政権が終わるまで増税を検討する必要すらない。

まずはこれら国の内部留保を有効活用し、その後に増税を検討しても問題ないのではないか？　さらに、仮に使い切ったとしても、耐用年数の長い防衛施設については建設国債を財源とすべきである。これについては、令和5年度予算で一部実施されるらしいが、適用範囲を大幅に広げてもいいと思われる。

「議論は尽くされていない」は日本の左派政党や左派メディアの常套句だが、いまこそこの言葉を使って増税に反対するべきではないだろうか？　野党は一体何をしているのだろう。

日本の石炭火力発電の可能性

インフレ時代には、さまざまな産業が伸びていく。すでに日本には世界をリードしている技術や産業も多い。これを海外に売り込んでいくチャンスでもある。

たとえば石炭火力発電も、その１つだ。石炭火力というと環境活動家に怒られそうだが、彼らの言う昔ながらの石炭火力発電と、日本の最新鋭の石炭火力発電は、まったくの別ものだ。

ニュースサイト「ＳＡＫＩＳＩＲＵ」が２０２２年7月15日に報じた「『最新技術搭載』武豊火力発電所が完成！…でも朝日新聞は気に入らないらしい」で、新造された石炭火力発電所を紹介している。

東京電力や中部電力などが出資する発電会社「ＪＥＲＡ」が建設を進めてきた、武豊火力発電所（愛知県武豊町）の5号機が14日に完成し、8月5日から営業運転を開始する。今回完成した5号機は、石炭に約17％のバイオマスを混ぜて燃やす発電方式を取り入れており、石炭だけに比べて、年間で90万トンの二酸化炭素が削減できるという。

1基あたりの出力が国内最大級の石炭火力発電で、出力は１０７万キロワット。原発1基分の発電能力があり、この夏やこの冬に懸念される「電力不足」の解消に大いに期待される。しかし、どうやら朝日新聞はお気に召さないようだ。

（https://sakisiru.jp/32083#:~:text=%E6%9D%B1%E4%BA%AC%E9%9B%BB%E5%8A%9B%E3%82%84%E4%B8%AD%E9%83%A8%E9%9B%BB%E5%8A%9B,%E7%82%AD%E7%B4%A0%E3%81%8C%E5%89%8A%E6%B8%9B%E3%81%A7%E3%81%8D%E3%82%8B%E3%81%A8%E3%81%84%E3%81%86%E3%80%82）

すでに5号機まで完成し、夏や冬の電力不足解消に期待されている。ところが『朝日新聞』が「別課題が浮上」などとネガティブに報じているというのが、この記事の言わんとするところだ。

『朝日新聞』では環境ＮＧＯ「気候ネットワーク」の浅岡美恵代表の「新燃料のような確

立していない技術に頼っていると、脱炭素の確実な達成が難しくなる。そこに使うお金を、太陽光や風力といった再生可能エネルギーの促進に振り向けた方がよい」といったコメントで締めくくっている。しかし、この記事も指摘するように太陽光にも課題がある。

まず蓄電池の問題がある。太陽光をフル活用するには、発電のピーク時に電気を蓄え、それで夜の需要を賄う必要がある。それだけの電気を蓄える蓄電池は、まだ開発されていない。

発電のピークは昼の12時だが、体感で最も暑く感じるのは午後2時頃だ。この頃から夕方にかけて電力消費量が増えていくのに、太陽光の発電量は減っていく。それをカバーするために、いまは天然ガスなどを使って火力発電所を動かしている。太陽光のボラテリティ（幅）を吸収するために、CO_2を排出しているのだ。まずは、こちらを問題視すべきだろう。

さらに言うと、太陽光パネル自体が環境破壊でもある。農地が太陽光パネルの設置場所に換わっているといった問題や、太陽光パネルに使用されるシリコンに、有害物質が含まれるという問題もある。土砂災害などで粉々に割れたパネルが土壌流出すれば、深刻な土壌汚染になりかねない。

そうした問題がきちんと議論されないまま、太陽光発電がクリーンだと決めつけるのはいかがなものか。

一方で日本の石炭火力発電のCO_2排出量は、欧米や中国、東南アジアで使用している石炭火力発電に比べても極めて少ない。発電事業などを手掛けるＪ―ＰＯＷＥＲ（電源開発株式会社）の試算では、日本の火力発電技術の最高水準機能をアメリカ、中国、インドに適用した場合、日本の年間CO_2排出量よりも多い、12億トンもの削減効果があるという。

この技術を輸出して削減した分の排出権をもらうだけで、日本はカーボンニュートラル目標にかなり近づける。ボラティリティの高い太陽光に頼らなくても、石炭など化石燃料を使った火力発電ができるようになる。

『朝日新聞』は日本の技術を海外に売って、日本企業が儲けることは好きでないらしいが、同じ難クセをつけるなら「これほど優れた技術をなぜ海外に輸出できないのか」といった論調で批判するほうが建設的だろう。

レアメタルを海外から回収して資源輸出国に

また環境ビジネスという点では、レアメタルのリサイクルも有望だ。２０２２年８月29日の『読売新聞』が「『都市鉱山』からのレアメタル回収、30年度までに倍増へ…廃基板の輸入ルート開拓」と報じている。

環境省は、「都市鉱山」と呼ばれる使用済みの電子機器から金属を回収して再資源化する量を２０３０年度までに倍増させる。海外からの輸入を強化する方針で、電気自動車（ＥＶ）や風力・太陽光発電装置などに再利用し、脱炭素社会の実現につなげる。

対象は、リチウム、ニッケル、コバルトといった希少金属（レアメタル）のほか、銅や亜鉛など。日本はほとんどを輸入に依存しているが、携帯電話やパソコンの電子基板などに多く含まれることから、同省は使用済みの廃基板などから金属を取り出すことで、限りある資源を確保し、活用したい考えだ。

（https://www.yomiuri.co.jp/national/20220828-OYT1T50187/）

海外からの輸入を強化し、電気自動車と風力・太陽光発電装置などに再利用して、脱炭素社会の実現につなげる。限りある資源を確保し、活用したい考えだという。

とくに経済発展が著しいアジア諸国で電子機器の廃棄が増えて、環境汚染が深刻化している。そこでリサイクル技術が乏しい各国政府と連携して輸入ルートを確保し、日本で資源を取りだす。これは「残ったものは無駄にしない」「アジアの海をきれいにする」というＰＲにも使える。

私が大学の弁論部にいたときの定番テーマにＯＤＡ（政府開発援助）があった。日本は盛んにＯＤＡを行っているが、すべて紐付きで最後は日本に資金が戻ってくる。しかも公害の輸出もしている。だからＯＤＡを見直す必要がある、といった内容だった。

廃基板の回収は、この問題を解決する一助になるし、資源がない日本にとっては資源を入手する手立てにもなる。さらに、リサイクルした資源を輸出すれば、日本は資源輸出国にもなれる。一方でアジアの国々にとっては、ゴミと思って捨てていたものが宝の山になるうえ、ゴミ問題を解決できる。まさに一石二鳥だ。

ここで問題となるのが廃基板を有償で買うのか、無償でもらうかだが、おそらく国際商品市場によるだろう。輸入してリサイクルしたときの価格が高ければ、無償で引き取ってでも採算が取れる。それどころか資源としてお金を払っても採算が取れるかもしれない。

インフレ時代は基本的に資源が不足するので、国際商品市況は高止まりする傾向にある。アジアの国々はゴミを輸出できるし、日本は資源を得られる。まさにウィンウィンの関係だ。資源高が続けばこのビジネスは意外にもサステイナブルかもしれない。

日本の下水処理技術をアジアの海に

リサイクルという発想は、レアメタルに限らず、さまざまな分野に応用できる。水のリサイクルも、その1つだ。

かつて「下水処理場」と呼ばれていた下水の浄化施設は、いまは「浄化センター」「水再生センター」などと呼ばれている。東京都の「水再生センター」から放流される水は極めてきれいで野火止用水などの清流も復活している。

私がアジアのリゾート地へ行くと、いつも失望するのが海の汚さだ。フィリピンのセブ島やインドネシアのバリ島と言えば、ホテルのすぐそばに美しい海岸があると思っている人は多いが、現実はまったく違う。非常にノリ臭く、水は濁っていてとても泳げるような海ではない。きれいな海で泳ぎたいのであれば、船でかなり沖合まで行かなければならない。

現地の人も行かないような場所なら比較的きれいな海でサーフィンもできるが、そういうところには監視員がいない。沖に流されたら、一巻の終わりだ。

インドネシアのビンタン島は海がきれいで泳ぐこともできたが、海岸近くにサメがいるなど危険が多い。結局どの海に行っても遊べる場所が少なく、ホテルの目の前で遊べて海がきれいなのはグアムや沖縄といった、先進国のリゾートだけのような気がする。

アジアのリゾートの海が汚いのは、下水処理ができてないからだ。たとえば、沖縄であっても、辺野古周辺の海は大腸菌が基準値以上で泳げない。なぜなら、このエリアは米軍基地移設問題で反対派と行政が揉めているため、下水の計画がストップしているからだ。

日本の水処理技術をアジアにも持っていき、アジアの海もきれいにすればいいと思う。

もう1つ、リサイクルといえば、核燃料のリサイクルという非常に重要な仕事がある。

青森県の六ヶ所村再処理工場の核燃料リサイクル技術は、ほぼ確立している。安全審査が異常に長引き、なかなか稼働できずにいるが、今後動き出せば使用済み核燃料を処理してプルトニウムを取り出せるようになる。

リサイクルをすることで最終処分場に運ぶときの体積を小さくできるし、取り出したプルトニウムは再度発電所で燃料として再利用できる。

日本で核燃料リサイクル技術を確立し、アジアの核燃料リサイクルの主導権を握ることは非常に重要だ。なぜなら、日本がこれをやらなければ、中国が代わりにやるに決まっているからだ。エネルギー安全保障の観点からも非常に重要なことだが、こういった視点でこの問題を語る人は少ない。由々しき問題だと思う。

1970年代が戻ってくる

さて、ここからは経済や安全保障の問題とは少しはなれて、時代の雰囲気について何となく語ってみたい。私は、これからインフレ時代が本格的に戻ってくるなら、世の中の空気もそれに合わせて変わると思っている。雑な言い方をすれば、1970年代、80年代のような雰囲気が戻ってくる。

エビデンスは極めて薄弱だが、昨今のシティポップブームはそれを先取りしているのではないだろうか？

２０２２年12月４日の『日本経済新聞』ではミュージシャンのサエキけんぞう氏の「大瀧詠一・大貫妙子・竹内まりや…シティ・ポップ熱狂」という論説を掲載していて興味深かった。

シティ・ポップが静かに流行中である。それは70年代後半から80年代にかけて日本で制作された、都会的に洗練されたリズムとメロディーを持った音楽。つまり日本の過去の曲を指すジャンルである。だから昔風にいえば「懐メロ」ということになるが、驚くべきことに最近になって世界各国でも話題になっている。

(https://www.nikkei.com/article/DGXZQOUD309VX0Q2A131C2000000)

記事で紹介されているアメリカの音楽ユニット「ジンジャー・ルート」、フランスのディスコバンド「リンペラトリーチェ」、日本のロックバンド「サチモス」など。私は彼らの曲を一通りYouTubeで再生してみたが、まさに１９８０年代を彷彿とさせる「令和のシティ・ポップ」だった。私のようにリアルタイムで聴いてた人なら一発でわかる。アニメのエンディングでこれらに似たような曲が、よく流れていた。
こうした曲が流行るのは、世界中の人がこのような雰囲気を感じ始めているからかもしれない。

高学歴でなくてもお金を稼げる時代

働き方や職業選択も、1970年代や80年代に近いものになるかもしれない。すでに、アメリカでは現業に従事する人々の所得が増え始め格差が縮小しているそうだ。『ウォールストリートジャーナル』は「米の賃金格差に逆転現象、持続の可能性も」という記事で次のように報じている。

コロナ禍以前の数十年間、低賃金でスキルの低い時間給労働者の賃金は、熟練工や大卒者、管理職、専門職の賃金に一貫して差をつけられてきた。だがこの2年間で、こうした傾向は急激に逆転している。

(中略)

２０２０年2月以降、平均時給は15％上昇しているが、生産職と非管理職に限れば17％の上昇であり、管理する側が管理される側に負けたことを意味している。11月の生産部門の賃金は時間給全体の85・６％を占め、２００６年にデータを取り始めて以降で最も高い比率となった。

職能や技能を比較する目安として活用する学歴別賃金にも、同様の逆転現象が起きている。アトランタ地区連銀によると、１９９７年から２０１７年までの間、大卒者の賃金は高卒者の賃金よりも年率０・５ポイント速く伸びていた。２０２１年初頭以降は伸び方が鈍化している。

(https://jp.wsj.com/articles/wage-inequality-may-be-starting-to-reverse-11672388490)

80年代のテレビドラマ『3年B組金八先生』に印象深い話がある。中学3年生との進路相談をしているとき、カーディーラーでポルシェを買ったのが、中卒の鳶職人だったという話だ。高学歴でなくても、お金を稼げる仕事がいろいろあったのが当時だった。

とくに肉体労働者の給料が高騰している時代で、学歴がなくてもプロの職人が評価される。前掲記事はそういった現象がアメリカで起きつつあることを示唆している。

デフレの時代は、少ないパイを取り合わざるを得ない。このような時代は大会社のほうが得で、立場の弱い下請けに、しわ寄せが行く構図になっていた。典型がテレビ業界で、中央キー局の社員と、下請けや孫請け、場合によってはさらに下請けのフリーのＡＤなどとでは、待遇も給料もまるで違う。それでも仕事を受けないと生活できないから、引き受けざるを得なかった。

だがインフレ時代は人手不足だから、そんな会社や仕事に見切りをつけて、もっと稼げる場をいくらでも探せる。

とくにインフレ時代は、人手不足の時代である。だから、この仕事が合わないと思えば別の仕事に移りやすい。ホワイトカラーが合わない人なら、現場の仕事で技術を磨いたほうがいい。合わない仕事を無理して続けるより、合う職場に転職したほうが生産性が上がるという研究もある。

さらに言えば、起業もしやすくなる。これからビジネスを始める人は元手など持っていないから、ある程度借金して始めることになる。このときデフレ時代だと、借金をした瞬間に債務の実質的価値が増えてしまう。借金までして作るモノや提供するサービスの価値が下がっていき、現金の価値が上がってしまうからだ。

ところがインフレ時代は逆だ。借金の実質的な価値は下がり、モノの価値が上がっていく。だから、リスクを取らずに現金を貯めこむ人より、借金をしてでもそれを使ってモノやサービスを提供する人の方が有利だ。

借りたお金で設備や土地を買えば、その瞬間から設備や土地の価値が上がっていく。これがインフレだ。

もちろん、インフレになると、いずれ金利も上がってくるだろう。とはいえ金利上昇に負けてしまうような商売は最初からダメな商売だ。インフレでも成功しないような商売は最初から存在してはいけないのだ。

設備投資のために借金しても、生産したモノや提供したサービスが市場に求められるものなら高値で売れる。そういう商売なら金利の上昇には負けない。むしろ、借金して設備投資するほど、大化けする可能性もある。借金をしやすいインフレ時代は、リスクを取る人に有利。そして、チャンスの時代でもあるのだ。

第4章

インフレ時代の資産運用術

——債券、株、不動産、コモディティ……どこにどう投資するか

世界経済の行方を握る5つの要素

2章で述べたように、私はリフレ派としてマクロ経済学の知見を用いて景気見通しを立て、それに基づいて自分の会社の事業計画を立て、資産を運用している。4章では私が考える、実践しているインフレ時代の資産運用術について語りたいと思う。

しかし、本章を読む前に1つだけ注意しておきたいことがある。私は「今後40年インフレが続く」という前提ですべてを組み立てている。私はきっとそうなると思うが、この予想は絶対ではない。外れる可能性もある。だから、私の言うことを信じて同じような投資ポジションを取った場合、外れて大損する可能性がある。あくまでも「投資は自己責任」ということを大前提に、お読みいただきたい。

投資を考えるうえで、まず大事なのは3カ月後、半年後、1年後、3年後といったスパンで何が起こるかを予想しておくことだ。予想をするというのは外れるリスクを取るということ。予想をしない人は、外れたと言われたくない、外れることが怖い人だ。申し訳ないが、そういうチキン野郎は投資には向いていない。普通預金に金を貯めこんで毎年目減りする罰を受ければいいと思う。

さて、私は外れることを恐れずにいくつかの方向性を示そうと思う。ポイントは次の5つだ。「新型コロナウイルスの感染拡大に伴う自粛」「アメリカ経済」「中国経済」「ロシア・ウクライナ戦争」「エネルギー不足」である。

なかでも世界経済の重しになるのが、コロナ禍における自粛とロシア・ウクライナ戦争だ。両者は世界の物不足の大きな要因になっている。

ただ、自粛のほうはすでに緩和の方向に向かっている。世界的にロックダウンが行われた2020年並みの自粛を続ける国は、23年以降は北朝鮮ぐらいになるだろう。

日本をはじめアジア諸国は、欧米に比べると、総じて自粛の緩和に消極的だった。とくに日本は感染者が少し増えだすと国民が勝手に自粛を始めた。マスクも夏は熱中症予防のため屋外では外すように言われたが、みんな顔を汗だくにしながら外そうとしなかった。

そんな日本もようやく重い腰を上げ、昨年から政府も「外ではマスクを外しましょう」「小学校での黙食はやめましょう」などと言いだした。かつてなら「黙食をやめましょう」と言えばすぐに〝自粛警察〟が出てきて袋叩きにあったが、いまは逆に〝自粛警察〟のほうが袋叩きにあう状況だ。

ちなみに日本が自粛を完全にやめる最大の方法は、役所の人々が率先してマスクを外すことだと私は思っている。要はクールビズと同じだ。

私が中学や高校の頃、当時の大平正芳首相らが省エネルックをはやらせようとしていたが、まったく普及しなかった。私が就職したころも「夏はノーネクタイにしましょう」「冷房の温度を下げすぎないようにしましょう」などとキャンペーンをしていたが、誰もネクタイを外さなかった。

ところがいつの間にか夏はノーネクタイが当たり前になった。理由は簡単で、役所の人々がクールビズを始めたからだ。彼らがやれば、銀行の人々が真似する。そうなると、取引先の企業の人々も始める。そのような流れで、一気にクールビズは普及したのだ。

マスクを外すのは、コロナ禍における規制緩和の象徴と言える。だからまず役所の人々がマスクを外す。たとえば市の職員で、外で働いている人々がマスクを外して仕事をする。「熱中症防止のためマスクを外しています」「感染防止のため2メートル以上離れてください」などと書いた札を下げて仕事をすれば、たぶんそれを見ている市民も真似てマスクを外すようになるだろう。

人件費が上がりはじめた日本

自粛の緩和により、立ち直りが遅れていたサービス業も回復していくだろう。なかでも飲食関係や旅行関係など最もダメージを受けた産業ほど、V字回復が期待できる。日本の場合は、そこに円安の流れが加わり、インバウンドが復活してくる。

先日あるフードコートに行くと、マレーシアの団体客がラーメンを食べていた。イスラム教徒が宗教上食べることを許されていない豚骨ラーメンを食べていたのだが大丈夫だったのだろうか？　中国も２０２２年末の白紙革命に逆ギレした習近平が一気にロックダウンを解除してしまった。２０２３年から海外旅行も解禁されると、再び多くの中国人が日本に押し寄せるだろう。すでに中国の富裕層は半ば亡命のような形で日本に渡来してきている。

２０２３年、飲食や旅行などサービス業の復活は確実で、早くもこの業界の人手不足や人件費の上昇が始まっている。その傾向は、２０２２年6月ごろから出始めていた。6月30日の『日本経済新聞』は「飲食バイト、時給最高　三大都市圏１０５５円　学生戻らず人手不足再燃」と報じている。

アルバイト・パート市場で飲食業、観光業の時給が上昇している。5月の飲食系は過去最高を更新した。3月下旬に新型コロナウイルス感染対策の行動制限が解除された。飲食店や旅行業界は採用を強化するが、コロナ禍でいちど離れた働き手の獲得は難しく、人手不足が再燃している。

「大学生が全く採れない」。東京・池袋で日本料理店を営む50代の男性オーナーは肩を落とす。2021年秋に緊急事態宣言が解除されて以降、徐々に客足が回復。夜の営業も再開したが、即戦力だった学生バイトの採用が難しく、時給の引き上げを検討している。

「6〜9月は時給300円アップ」「祝い金10万円支給！」。求人広告サイトでは飲食店の募集広告が目立つ。人員獲得で優位に立とうと、時給の引き上げだけでなく、採用の祝い金支給などをPRする店もある。

（https://www.nikkei.com/article/DGKKZO62172800Z20C22A6QM8000/）

「物価が上がるだけで、給料は上がらない」などと煽り立てる朝日新聞には許せない展開だろう。すでに給料が上がり始めているのだから。

経営者として言わせてもらえば、人手不足になれば、給料を上げるしかない。店を開ければ売り上げが立つことがわかっているのに、人がいないから店が開けられないとなれば、利益が出るぎりぎりのところまで時給を上げ、他店を出し抜いていこうと思って当然だ。

たとえば、今川焼屋が隣のラーメン屋から時給2000円で店員を引き抜くといったイメージだ。人がいれば店がより長く営業でき、売り上げも上がるので高い時給でも支払える。逆に、店員を引き抜かれたラーメン屋は営業時間を短縮せざるを得なくなり売り上げが減る。単純化すればそういうことだ。

実は、バブル時代はどの店も、そのような形でみな人材確保していた。そうした時代に戻りつつあるようにも見える。

熊本に〝日本版シリコンバレー〟が生まれる気配

飲食業界に加え、製造業はもともと調子がいい。なかでも熱いのが、熊本だ。２０２２年12月15日の『日本経済新聞』はソニーが熊本に半導体の新工場を建設する検討を始めたと報じている。

ソニーグループは熊本県内に半導体の新工場を建設する検討を始めた。数千億円を投じてスマートフォン向けの画像センサー工場を建設し２０２５年度以降に稼働させる。世界的に画像センサーの需要が高まっているため、半導体の自国生産を強化する。ソニーは熊本に進出する台湾積体電路製造（ＴＳＭＣ）からセンサーに使う半導体を供給してもらう計画。近隣に工場を新設することで、センサー生産の一貫体制を構築する。

(https://www.nikkei.com/article/DGXZQOUC280XF0Y2A121C2000000/)

すでに熊本への進出を決めた半導体受託生産の世界最大手ＴＳＭＣも、出荷開始に向けて動いている。「見えてきたＴＭＳＣ熊本新工場　主要４棟、投資１兆円」と『日本経済新聞』は２０２２年12月13日に報じている。

半導体受託生産の世界最大手、台湾積体電路製造（ＴＳＭＣ）の日本への工場進出が決まってから1年あまり。熊本県菊陽町ではおよそ1兆円を投じる工場の建設が２０２４年12月の出荷開始に向け、急ピッチで進んでいる。巨大工場の全容が徐々に見え始めてきた中、地域の経済や雇用の底上げへの期待も膨らんでいる。

(https://www.nikkei.com/article/DGXZQOJC09653OZ01C22A1000000/)

これに伴い熊本では不動産価格が高騰、初任給を上げる企業も増えている。試算では県内の経済波及効果は２０２２年からの10年間で4兆３０００億円にのぼり、これは現在の熊本県の総生産の２・７倍にあたるという。

生産開始時期から１００％再生可能エネルギーを使用する。ＴＭＳＣとソニーの進出により、熊本は〝日本版シリコンバレー〟になりそうな気配だ。

ハイパーインフレの心配も不要

２０２２年に円安が急速に進んだことで「海外物のほうが安い」という概念が崩れつつ

ある。例えば、スーパーでアメリカ産の牛タンの異常な値上がりに驚いた人も多いだろう。しかし、これは国産の牛タンにとっては追い風だ。実は、食品に限らず、円安になるとさまざまな国内産業に追い風が吹く。輸出企業だけでなく、純粋な国内産業にとっても円安のメリットは大きい。

しかし、インフレが続くと、やがてハイパーインフレになると言う人が必ず出てくる。日本がデフレの頃からこういった妄言を吐く人は多く、いまだに本が売れているというから不思議だ。

ハイパーインフレとは古典的な経済学の定義によれば年率1万3000％以上の物価上昇のことだ。100円の缶ジュースが翌年には130万円になるぐらいの激しいインフレが今の日本で起こるだろうか？　起こると言う人は経済の歴史を知らなすぎる。ハイパーインフレが発生するためには①生産設備の徹底的な破壊、②労働力の大幅な不足、③高額紙幣の大量発行という三条件が満たされなければならない。現代ではジンバブエのような独裁国家などでしかなかなかお目にかかれない現象だ。

1969年生まれの私はインフレ経験者で、1970年代はもちろん、80年代になっても小学校5年生ぐらいまではインフレが続いていた。1981年ごろからガンプラ（機動戦士ガンダムのプラモデル）がブームで、ガンプラの値段も毎年上がっていたと思う。

ただし80年代の物価上昇率は、70年代の半分程度、もしくは半分以下だった。70年代は年平均で９％上がっていて、第１次オイルショックのあった１９７３年は23％も物価が上がった。

そんな時代の物価の上がり方がどのようなものかというと、たとえば１瓶50円で買えたコーラが、翌年には60円になった。これは１年で価格が20％上がったことになる。

大変な値上がりだが、当時はこれが当たり前だった。私と同世代の人がそれで極端に貧しくなったりはしていない。むしろ世の中全体は豊かになっていた。デフレの頃とは大違いである。

最大のリスクは政府と日銀

リスクがあるとすれば、むしろ政府と日銀である。日本の政府は少し調子がよくなると、すぐに増税をしたがることについてはすでに述べた。防衛増税についての問題点については前章で詳しく述べたとおりだ。本章では日銀のリスクについて少し掘り下げて解説したい。

２０２２年12月に日銀がイールドカーブコントロールの変動幅を０・25％から０・５％に拡大した。これを実質的な金融引き締めと捉え、日銀は出口政策に転換したと評する声もある。

また、黒田東彦総裁が２０２３年４月に任期を終え、新たな総裁に交代する。日銀の総裁人事は財務省の天下りと日銀プロパーの出世の「たすきがけ」なので、すでに２期10年も日銀総裁を務めた黒田氏の後任は日銀出身者と予想されている。

これらをもって日銀は一気に金融引き締めに舵を切り日本は再びデフレに戻るという人もいる。果たしてそうなのだろうか？

まず、２０２２年12月のイールドカーブコントロールの変動幅拡大について正確に理解することが必要だ。日銀の発表資料と黒田総裁の記者会見の内容をまとめると以下のようになる。

①今回の変動幅拡大はよりイールドカーブコントロールの効果を高めるためであり、出口政策ではない。

②物価見通しは変わらず（コモディティーが高止まりして物価が上がってるだけで、2023年はコモディティーの下落から物価下押し圧力が高まる）。
③政府との共同声明を見直す予定はない。
④国債の買い入れは増やす。ETF、社債買い入れ額も変わらず。

①は難しくて記者には理解できなかったようだ。これまで日銀は10年物国債金利を0±0・25％にコントロールしてきた。しかし10年物を完璧にコントロールしたせいで、それ以外の年限にしわ寄せが生じてしまった。簡単に言えば、10年物国債の金利だけ異常に下に引っ張られて、その前後が上がってしまったのだ。その結果、イールドカーブ全体のバランスがよろしくない状態になった。そこで、もう少し柔軟にイールドカーブコントロールを運用することで、全体のバランスを整えることにしたというのが変動幅拡大の趣旨だ。

結果的に、10年物国債の金利は上がったが、他の年限は下げた。さらに、日銀の国債買い入れ額は増え、10年物以外の国債もオペ対象となった。

しかし、新聞記者にこんな複雑な話を理解できる者は皆無だ。黒田総裁の記者会見は質疑応答も含めて1時間ぐらいに及んだが、記者の質問のレベルが低すぎて話にならなかった。「総裁は昔こう言ったけど、それと矛盾しないのか？」といった揚げ足取りばかりで、本質とはかけ離れた問答が延々と続く。

記者がバカすぎて黒田総裁が説明に困っているのがよく分かった。まるで、小学校３年生を相手に相対性理論の講義をするようなものだ。日銀が完璧な情報統制を敷いて、一切リークがなかったのがよほど悔しかったのだろう。翌日の新聞記事は「事実上の出口政策だ‼」とノイズを増幅していた。

もちろん、広義で日銀は出口に向かって常に政策を行っている。目標を達成したらそこからは出口政策だからだ。そして、日銀新執行部はいずれ出口政策を行うだろう。しかし、それはインフレ目標が達成され、二度と物価が２％以下にならないという確証が得られた時だ。

もし、日銀新執行部に不安があるとするなら、この確証を得る前に出口政策にシフトし、間違いに気づいてからもそれを改めることができないということだ。これはかつて最悪の日銀総裁といわれた白川方明が陥った罠だ。逆にいえば、それさえ回避すれば金融政策が好景気の邪魔をすることはないと思う。果たしてどうなるか？　実際に新執行部がスタートしてからじっくりと観察するしかないだろう。

アメリカ経済は一時的な景気後退

次に、2つ目のアメリカ経済について考察してみよう。こちらは2023年に大きく調整する可能性がある。

2022年3月から、アメリカは極めて早いペースで利上げしてきた。利上げの影響は、開始から半年から1年経った頃に起こりやすい。2023年3月頃から景気後退局面に入り、アメリカ株が大きく調整する可能性は少なくない。

その煽りを受けて、日本株も一時的に調整する可能性がある。

ここで勘違いしやすいのは、マクロ経済における「一時的」とは一瞬の意味ではないということだ。最長で1、2年、少なくとも半年から1年程度で、この間は日本株が低迷する可能性がある。ただし3年、5年、10年といった長期スパンにおいては話が違う。私は日本株には極めてポジティブだ。

株で損する人の多くは新聞を読み、調子のよい産業や企業を探して個別株を買う。しかも、一度に投資可能な金額全額、投じてしまう。

そして大きな調整があって株価が暴落すると、慌ててすべて売ってしまう。もしくは売り損なって塩漬けになる。

たとえばインバウンドで旅行業界が復活すると聞いて、ある旅行会社の株に全力投球する。これは極めて危険だ。アメリカの景気が後退局面になれば、インバウンドも弱くなる可能性があるし、インバウンドが好調でもその旅行会社が競合他社に比べて業績が悪いという展開もあり得る。

それを避けるためには膨大なリサーチが必要だが、正直私にはそれをする時間がない。だから基本的に個別株は買わないようにしている。そして、大事なことは長期的な見通しを見誤らないことだ。

過去にアメリカが利上げをして景気後退を免れたのは、１９８０年代と90年代に２回あっただけだ。しかし、この２回はいずれもデフレモードが始まりだした時期で、利上げをやめて少し金融緩和するだけでその効果は絶大だった。

だがインフレモードに転換するとそう簡単にはいかない。１９７０年代は、金融緩和をしても物の値段が上がるだけでＧＤＰは増えず、いわゆるスタグフレーション（不況下のインフレ）が発生した。いまのアメリカはそれを防ぐために利上げ、つまり金融引き締めをして、インフレを抑えようとしている。

デフレ時代のように金融緩和さえすれば何とかなるという時代は終わった。むしろ、ある程度引き締めないと適切なインフレ率を実現できない時代が来ると私は思う。その点で、アメリカの無傷で済んだリセッションの歴史はあまり参考にならないと思っている。

中国でデモが再燃する可能性

3つ目の中国経済も攪乱要素だ。中国は、もはやよくなる要素がない。いま中国がやっているのは、経済では1990年代の日本、外交では1930年代の日本と同じだ。日本の悪かった時代を2つ同時に再現している格好だ。

経済については、2023年にもコロナ禍対策のロックダウンが続くと思っていた。ところが、2022年11月下旬に始まった「白紙デモ」により、中国は12月になってゼロコロナ政策が完全に解除されてしまった。

当然のことながら何の準備もなくロックダウンを解除したので感染者が爆発的に増え

た。中国製ワクチンの効果があまり期待できないことに加え、高齢者の接種率が低いからだ。中国にはワクチンに関する迷信があり、ワクチンを拒む高齢者が多いという。

高齢者ほど新型コロナウイルスに感染すると、重症化しやすい。解除に際して政府がいくらリソースを割いても医療機関がパンクした。１日の死亡者は２万５０００人に達していたという推計もある。ブルームバーグは「中国のコロナ死者、来月に１日最大２・５万人との推計－春節直撃か」と報じている。

中国では２０２３年１月後半に新型コロナウイルス感染による１日当たりの死者が最大２万５０００人に上る恐れがある。コロナ規制なしで迎えるであろう春節（旧正月）連休の序盤にぶつかることになりそうだ。

ロンドン拠点の医療系調査会社エアフィニティによれば、コロナの死者は春節連休中の１月23日ごろにピークを迎える見込み。１日当たりの感染者はその10日前に約３７０万人でピークを打つ見通しだという。

中国指導部はコロナを徹底的に抑え込む「ゼロコロナ」政策を急転換し、ほぼ3年間にわたり採用してきた厳格な検査やロックダウン（都市封鎖）などの措置を取りやめた。その後の急速な流行で正確な感染者の把握が困難となり、中国の感染動向は外部の推計や事例証拠に頼らざるを得なくなっている。（https://news.yahoo.co.jp/articles/97b0c1968929556b0b0f20c8ee5ab8bfd06f9242）

緩和の影響は、すでに２０２２年12月から出ていた。12月21日にＮＨＫが「中国新型コロナ死者〝少なく見せかけている〟ＳＮＳで批判の声」と報じている。

20日、中国政府の記者会見に出席した感染症の専門家は、政府が発表する死者の定義について説明しました。

この中で、専門家は「新型コロナウイルスの感染者の主な死因は基礎疾患だ」と述べ、基礎疾患のある感染者が重症化して死亡した場合は新型コロナウイルスによる死者として数えていないことを示唆しました。

これについて、中国のＳＮＳ上では、政府が死者の数を少なく見せかけているとして「責任逃れだ」とか「統計上の魔法だ」などといった批判の声が高まっています。

（https://www3.nhk.or.jp/news/html/20221221/k10013929431000.html）

これまでは新型コロナウイルスの陽性者が死亡した場合、基礎疾患があったとしてもコロナ死とされてきた。それを今後は基礎疾患のある感染者が重症化して、たとえば心臓発作で亡くなった場合はカウントしない。定義を変えざるを得ないほど死者が増えていたということだ。

デモの再燃リスクもある。ゼロコロナ政策の緩和で人びとが自由に移動するようになれば、自由に連絡をとりあったり、集まったりする可能性もある。今回の白紙デモで中国人は「騒げば政府は言うことを聞く」という成功体験を得た。仮に、中国政府が再びロックダウンをすれば、デモが再燃する可能性もある。

11月にタイのバンコクで開催されたＡＰＥＣ（アジア太平洋経済協力）の非公式会合では余裕ある態度を見せていた習近平国家主席だが、白紙革命で足元に火が付き、メンツは丸つぶれだ。12月１日に北京でＥＵのシャルル・ミシェル大統領と会談した際には「若者がゼロコロナ政策に反対して暴れている」などと弱音を吐いていたぐらいだ。

それぐらい習主席は白紙デモにショックを受けたようで、今後は反対派を分断し、一部を孤立させて徹底的に叩く戦法で抑え込みにかかるだろう。

中国との取引を見直しだした企業は半数以上

さらに台湾侵攻というリスクもある。中国による台湾侵攻のリスクは、2022年8月のアメリカのナンシー・ペロシ下院議長の訪台以降、いよいよ現実的なものになった。だが中国が本当に台湾侵攻を行えば、アメリカを中心とした西側諸国に厳しい経済制裁を食らい、中国経済はすぐに干上がってしまう。

そんな状況に贅沢慣れした中国人が耐えられるかというと、ロシア人以上に耐性がないのではないか。2022年はロックダウンでもこれほど大騒ぎになるのだから、戦時体制となれば人びとは黙っていないだろう。

それでも習近平は一度振り上げた拳を下ろせない。メンツがすべてだからだ。台湾に対しては「武力侵攻を排除しない」とやる気を見せ続けないとそのメンツは潰れてしまう。人民の不満からナショナリズムが吹き上がれば、台湾侵攻のリスクが高くなる。

1931年に日本陸軍が起こした満州事変を思い出してほしい。現代で喩えるなら、これは2014年のロシアによるクリミア侵攻に匹敵する行為だ。関東軍は半年ほどで満州全土を占領、満州国を建国した。ロシアのクリミア侵攻も極めて短期間にクリミア併合を成し遂げたという点ではそっくりである。そして、それに対して国際社会は実質的に何もできなかった。

日本はランドパワーではなくシーパワーの国なので、本来なら生存圏の概念を持つ必要はない。ところが誤った地政学に基づき、満州を「生存圏」に加えた。そして満州事変の成功体験から、６年後の１９３７年に盧溝橋事件を起こす。クリミア侵攻から8年後にウクライナと全面戦争を始めたロシアと同じことをしたわけだ。

中国も同じように、ある種の成功体験がかえってリスクを高める可能性がある。中国にとっての成功体験は、香港で２０１９年から20年にかけて起きた民主化運動の抑え込みだ。これに成功した体験が数年後の台湾侵攻になるかもしれない。

すでに台湾有事は２０２３年に起きてもおかしくないと言われているが、私は実際に戦争を仕掛ける前に徹底したサイバー戦、認知戦が行われると思っている。特に、２０２４年に実施される台湾総統選挙においては露骨な選挙介入があるだろう。軍事力の行使以外のありとあらゆる謀略を尽くし、それでも台湾が「落ちない」時、初めて中国は軍事的な冒険に出るのではないか？

それができないようにするには中国経済を弱体化させるしかない。実際に中国経済は2章で述べたように、完全に行きづまっている。最大の問題は不動産業だ。GDPの30%を占めていた不動産業が完全におかしくなっていて、これに代わる産業が全く育っていない。もちろん、その代わりになる産業などそう簡単に見つかるはずがない。少なくともいまの社会主義的な統制経済を続ける限り、新しい産業は生まれない。

中国経済は日本のみならず、世界のサプライチェーンに組み込まれている。中国が不調になれば各国に多大な影響が及ぶ。部品が入ってこない程度ならマシなほうで、売上金が回収できないとなれば、その会社の倒産リスクにもなる。

そうしたリスクを見据えて、中国との取引の見直しを考えている企業が全体の半数を超えたと言われる。これをもっと早めないと、「まだ大丈夫」と続けているうちに大変な損失を被ることになりかねない。

ロシア・ウクライナ戦争終結というポジティブサプライズ

一方ポジティブサプライズを期待できるのが、4つ目のロシア・ウクライナ戦争だ。戦争終結、もちろんウクライナの勝利が現実のものとなれば、市場の雰囲気は一変するだろう。

現状を見るかぎり、欧米がしっかりサポートすれば、２０２３年夏頃にウクライナがロシアをクリミア半島と東部のドンバス地方から追い出せるだろう。そのためには、いま封印されている戦車と航空機の供与も早期に実施すべきだ。日本政府も地対空ミサイル「パトリオット」の供与を検討しているが、これも早期に実施すべきであると考えている。

終戦に伴うベストシナリオはロシアの国家解体だ。現在のロシア連邦に所属する共和国が独立すれば、極東エリアで独立した国は、日本からの経済援助目当てに北方領土を返還する可能性もあるだろう。可能性は低いがゼロというわけではない。

そもそも終戦自体、世界にとって極めてポジティブなインパクトを与える。すでにドイツ株は戦争終結を見越しているのか、２０２２年9月末から反転している。

ただしヨーロッパもアメリカから少し遅れて、２０２２年7月頃から利上げを始めた。その半年から1年後ぐらいに大きな景気後退局面に入る可能性がある。まさに２０２３年がそのタイミングだ。

ただし欧米の大調整局面は、バブル崩壊からデフレに至る時の日本とは異なる。ある程

2022年9月末から反転しているドイツ株

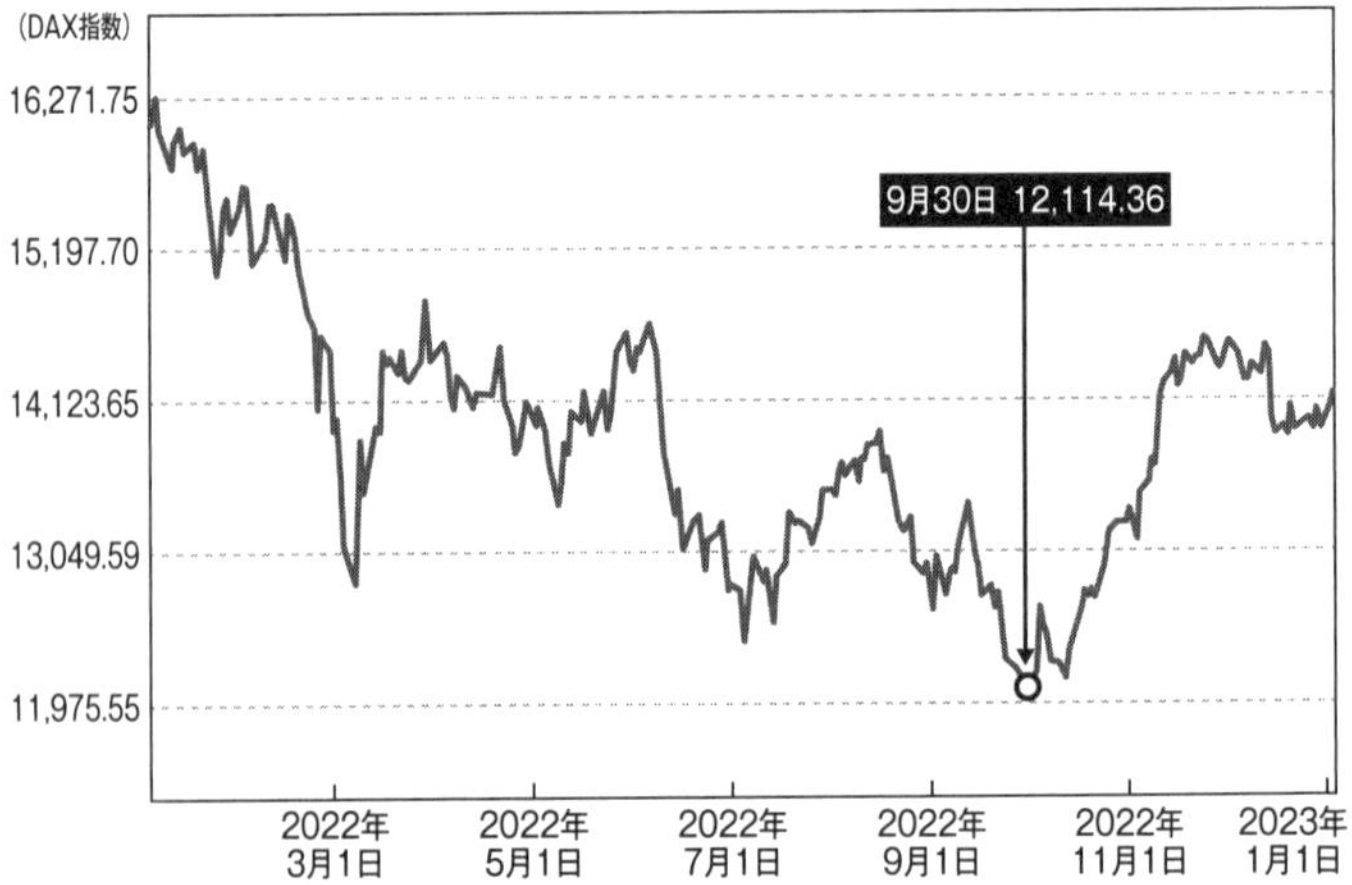

(https://www.bloomberg.co.jp/quote/DAX:IND)

度インフレ抑制の目処が立てばＦＲＢもＥＣＢ（欧州中央銀行）も金融引き締めを停止し、場合によっては緩和を始めるだろう。その見通しが立てば実際に金融緩和をする前に、その期待だけで株価が反応してくる可能性も高い。

デフレ時代は物価が上がりさえすれば大抵の問題は解決した。しかし、インフレ時代はもうちょっと複雑だ。インフレも行き過ぎれば経済にマイナスだし、水準的にインフレでも景気循環はある。もちろん、総じてデフレであるよりはマシだが、ずっとバブルのような状態が続くわけでもないことは頭に入れておかなければならない。そういう意味で、インフレ局面の中、２０２３年は景気が悪い方向に向かう可能性がある。とはいえロシア・ウクライナ戦争が終わるなり、ロシアの敗北が決定すれば、後半は株価が爆上がりする可能性もある。要は悲観一色でもダメだし、楽観一色でもダメということだ。

エネルギー不足は解消の方向に

５つ目のエネルギー不足については、２０２２年の時点ですでに解消されつつある。ヨーロッパでは調達先の多角化や石炭火力・原発廃止の延長、省エネなどにより、11月には天然ガスの備蓄率が95％に達した。２０２３年も乗りきれる見通しになりだしている。

石油も２０２２年７月には１バレル＝１５０ドル近くまで高騰したが、９月には76ドルと半値近くまで下がった。（本書を執筆時点では１バレル76ドル）

すでに述べたように２０２３年は世界的に景気が減速する可能性が高い。そうなればエネルギー需要も減り、純粋な価格決定メカニズムに基づいてエネルギー価格が下がることも考えられる。

ウクライナ戦争終結というポジティブサプライズが起これば、これもまたエネルギー不足の解消要因となる。ロシアからの天然ガスが通常どおり供給されるのに加え、ロシアが解体されて民主化すれば、さらに多くの天然ガスが出てくる可能性もある。

ただし世界経済が好調になれば再びエネルギーが足らなくなり、価格が高騰する要因にもなる。いずれにしろ、一時期言われたような1バレル＝300ドルといった一方的なエネルギー高騰シナリオからは、かなり遠ざかっていることは間違いない。

またエネルギーに関連した話として、コロナショックで大混乱した海運もかなり正常化しつつある。船による輸送コストを指数化したバルチック海運指数は、コロナ禍以前には1600～1700だったが、2021年10月頃には5200まで上がった。それがしだいに下がりだし、2022年11月には1300台まで下がった。本書執筆時点では1500前後で推移している。これはコロナ前の水準を下回っており、2020年からの混乱はひとまず収まったと見ていいだろう。

資産運用しない日本は20年で1222兆円の機会損失をした

以上が差しあたっての状況分析だ。そうした中で我々はどのように資産防衛すべきか。

最も大事なことは、インフレとは毎年現金の実質的価値が目減りする時代だということだ。

インフレ時代において資産を現金で持つことの危険性について、私には強烈な原体験がある。私の母方の祖父の話だ。

戦後、反物の行商で大儲けした祖父は、デフレの再来を恐れて稼いだお金を投資に回さず、ひたすら現金で貯め込んでいた。一方で祖父のライバルたちは儲けたお金どころか借金してまでどんどん投資をして店舗を買ったり、工場を建てたりした。

祖父の戦略は、朝鮮特需で完全に破綻する。景気がどんどんよくなりインフレが急速に進み、現金の価値はどんどん目減りして行った。祖父のビジネス自体がもう時代から取り残され、昔のように儲からなくなると、ついに家族にも見放された。祖父は１９７７年に亡くなったが、結局それまでにデフレが再来することはなかった。インフレが来るのに、デフレに逆張りした結果、すべてを失ったと言っていいだろう。

もう１つ、衝撃的な話をしよう。龍谷大学経済学部の竹中正治教授が２０２２年９月６日の『ダイヤモンド・オンライン』で紹介しているデータだ。２００２年からの20年間で日本の家計は、１２２２兆円の投資機会を損失した。（https://diamond.jp/articles/-/309161）

計算根拠は以下のとおりだ。まず、２００１年度末、つまり２００２年３月末の段階で日本人の金融資産に占める現金預金の比率は54％だった。この預金の割合を20％低い34％と仮定し、減らした20％を株式と投資信託に投資したと仮定する。

ちなみに、実際に日本人がこの頃投資に割いていたのは８・７％、金額では１２２・９兆円だった。竹中教授のシミュレーションではこれを28・７％、４０６・８兆円を投資に回したとして計算する。この割合は、アメリカ家計ほどではないが、ユーロ圏諸国の平均と同程度だ。

また２００２年３月から２０２１年12月までの現金・預金の増加額は３２６・３兆円だが、このうち半分の１６３・１兆円も追加的に投資に回したと仮定する。

投資対象は50％をアメリカの株式指数Ｓ＆Ｐ、残り50％は日本の株式指数であるＴＯＰＩＸに連動する投資信託だ。両者に投資した場合、20年間の平均利回りは７・17％だった。２００２年３月の初期投資２８３・９兆円は、２０２１年12月には１１１４・６兆円に増加し、約20年間、追加的に投入した資金１６３・１兆円は５５４兆円になった。

投資に回していない現実と比べると、その差は１２２１・６兆円のプラスになった。もしこれをやっていたら、２０２１年12月の日本の家計の金融資産は２０２３兆円ではなく、３２４５兆円になっていた。これは２００２年３月の金融資産総額の２・29倍にあたる。

貯蓄していた54％のうち20％を投資に向けても家計に占める構成は34％だから、まだ貯金のほうが多い。いま貯金に振り向けているお金の４割ほどを積立投資などに回していたら、これぐらい資産が増えたのだ。

住宅ローンが日本人の資産運用を妨げている

なぜそれをやらなかったのか。理由として竹中教授は、日本人には投資した元本が増えたり減ったりするのを怖がる人が多いことを指摘している。その結果、欧米の資産運用の潮流から取り残されたという。

日本人１人当たりの家計の金融資産額は、２０００年代前半まで主要欧米諸国を引き離し、アメリカと並ぶ世界のトップ水準だった。ところが偏った金融資産構成の結果、かなり落ちてしまった。

金額で見るとアメリカに次ぐ2位は同じだが、１人当たりで見るとスイス、オランダ、デンマークに抜かれて8位にまで下がってしまった。

竹中教授は日本人がリスクを取りたがらない理由について、5つほど仮説を挙げている。なかでも私が当たっていると思うのが「日本では住宅購入の負担がリスク性資産投資を抑制した」というものだ。住宅ローンに追われて、不安で投資にお金が回らない。さもありなんという感じだ。

この住宅ローンについて竹中教授は次のような指摘もしている。1991年をピークとする不動産バブル時、たとえば東京都の住宅取得価格は家計の年収の10倍を超えた。一方、当時のアメリカは5倍程度だった。

日本の家計は持ち家を取得するまでは、住宅購入の頭金準備のために貯蓄するが、住宅購入後はローンの返済が重い。リスクのある金融資産で資産形成する余裕が乏しいというわけだ。

ただし住宅購入の負担が重かったのはバブル期の話で、バブル崩壊後はアメリカ同様、平均年収の5倍ぐらいになっている。そうなると、この仮説だけでは説明不足で、そこから別の仮説も挙げている。「日米家計のリスク性資産の保有比率の違いは、日米の資産分布格差の相違を反映している」というものだ。

一般的に富裕層ほど、多額のリスクある投資をしている。アメリカは富の集中度が日本よりはるかに高いため、平均すると家計全体の高リスク資産形成が日本より高くなるのではないかというわけだ。確かに、この要素も大きいと言えるだろう。

ノーリスクで資産の目減りを防ぐ物価連動債

よく野党やマスコミが「実質賃金が下がる」といった議論をしたがるが、実質賃金の前に実質的な資産の価値を考え、いまある資産を守ることのほうが大事ではないだろうか。物価が上昇していく時代にあって、現在持っている資産を目減りさせないために価格変動のリスクを取ることだ。最も簡単で確実な方法は、現金をすべて物価連動債に変えてしまうことだ。

通常の国債は、名目の元本の金額は変わらない。これに対し、物価連動債の場合、債券の名目金利は固定であるものの、物価上昇に連動して元本が増加するため、利払い額や償還額が増減する。つまり、物価連動債は、インフレがおきても実質的な価値が低下しない債券といえる。もちろん、物価連動債にも弱点はある。デフレ時には、たとえばインフレ率がマイナス1％になれば、元本も1％減る。とはいえ、この場合もこの債券の実質的価値が不変であることは変わりない。1％のインフレなら1％増え、1％のデフレなら1％減る。そういうシステムだ。

すでに述べたように今後しばらくはインフレ局面になることを前提に、価格変動リスクを取るべきだと私は考えている。そうすることで、5年後、10年後には元本の実質的目減りを回避することができる。

物価連動債は2015年から個人向けにも解禁されたが、物価連動債そのものを買うのは売買単位や手続きが煩雑なのでお勧めしない。証券会社でも物価連動債を組み込んだファンドを販売しているので、こちらを購入したほうが便利だ。（例：三菱UFJ国際投信―eMAXIS国内物価連動国債インデックス）

これまで毎月一定額を貯金していたなら、貯金の代わりに物価連動債を組み込んだファンドを購入する。毎月一定額を銀行口座から引き出し、購入するように設定もできる。給料日が25日なら毎月25日または26日に、3万円なり5万円なりを購入するように設定しておけばいい。

このファンドは売買手数料無料で、信託報酬が年0・5％以内などと極めて安い。物価を上回るリターンはないが、貯金のようにインフレ下で物価を下回るリスクもない。実質価値が変わらず、貯金感覚で堅く運用するなら最適だろう。

株は個別株ではなくインデックス投資

リターンを期待して多少のリスクを取ってもいいという人は、債券や株式、リート（不動産投資信託）などで運用するのもいい。ＳＢＩ証券や楽天証券といったネット証券を使えば、売買手数料をはじめ、さまざまな手数料が無料、もしくは比較的安く利用できる。

私が実践し、なおかつ勧めているのはインデックスへの通しだ。インデックスとは「指数」のことで、有名どころでは「日経平均」や「ＴＯＰＩＸ（東証株価指数）」などがある。一般にファンド（投資信託）は、プロの投資家が複数の銘柄に分散投資して運用する商品と言われるが、問題はそのプロの実際のパフォーマンスだ。正直、手数料に見合った高いパフォーマンスを発揮する人はほとんどいない。インデックスのパフォーマンスを５年連続上回るようなプロは偶然以外の確率では存在しない。残念だがこれが現実だ。よって、私は何も考えずにインデックスファンドを買う。

日本株式のインデックスファンドには、大きく日経平均インデックスファンドとTOPIXファンドの2種類ある。日経平均は東京証券取引所プライムに上場する約2000銘柄のうち日本経済新聞社が選んだ225銘柄が対象、TOPIXは東京証券取引所プライム上場のすべての銘柄を対象とする。リスク分散の意味では、銘柄数が多く加重平均で決まるTOPIXのほうをお勧めしたい。

さらに全世界の株価を対象とした、全世界株式インデックスファンドもある。対象銘柄は数千社から数万社で、日本を対象としたものよりさらに広く薄く投資できるようになっている。

ただし世界株式インデックスには中国株も含まれている点に注意が必要だ。また、ドル高局面では新興国で経済危機が起こりやすいが、世界株式インデックスにはこれも含まれている。この点を気にするなら先進国だけの株式インデックスに投資するという方法もある。

アクティブファンドよりインデックスファンドのほうがいい理由

指数に連動するインデックスファンドに対し、プロが投資先を選ぶファンドはアクティブファンドと呼ばれる。プロが細かく研究・分析して選ぶだけに、指数に連動するだけのインデックスファンドより、運用成績がよいように思われやすい。だが実際にアクティブファンドとインデックスファンドを比べると、インデックスファンドのほうが圧倒的に投資効率がいい。

アクティブファンドの場合、たまにインデックスファンドを上回ることがあるが、それが5年連続で続くといったことは、まずない。多少よい数字を出しているファンドにしても手数料が高いので、トータルで見るとインデックスファンドのほうがリターンが大きいことも多い。

また過去5年の運用実績がインデックスファンドより高かったとしても、せいぜい1つや2つで、そんな商品を見つけるのは、ほぼ不可能だ。しかも過去5年連続で勝っていたファンドでも、6年目の運用実績来がよい保障はどこにもない。

平均すればインデックスファンドのほうが圧倒的にパフォーマンスが高くなるから、どのアクティブファンドにするかを迷うより、インデックスファンドを購入したほうが時間も労力もかからない。とくに長期運用では圧倒的にパフォーマンスが高い。

投資が盛んとされるアメリカでも、その多くはインデックスファンドへの投資だ。１９９０年代頃からインデックスファンドのほうがパフォーマンスがよいことが知られ、インデックス投資をする人が増えた。

日本でも若い世代はインデックス投資をする人が増えている。２０２２年11月27日の『日本経済新聞』では「老いる日本の株主、70代以上が4割　若者の目は海外株に」として、若手や中堅層を中心にアメリカ株価指数連動型投資信託がブームだと報じている。

(https://www.nikkei.com/article/DGXZQOUB177A00X11C22A1000000)

たとえばマネックス証券における30代の投資家の約定金額は、アメリカ株が過半数を占めているという。物価連動債と同じように毎月同じ日に、同じ金額だけ積み立てていくといい。

低リスク高リターンを期待するなら先進国リート

次に紹介したいのはリートである。リートは投資家から集めた資金で複数の不動産を購入し、得られる賃貸料収入や不動産売却益などを分配する投資信託だ。インデックスファンドが株式を対象とするのに対し、こちらは不動産を扱うところが大きな違いだ。

インフレ時代には不動産価格も値上がりするが、後で述べるように不動産は単体で買うとリスクが高すぎる。株を個別銘柄で買わないほうがいいように、私は不動産も個別の物件は買わないようにしている。都心のビルのオフィスの小口所有権などの広告が目につくが、私はこういったものには絶対に手を出さない。

なぜなら個別の物件は流動性が低く、売りたいときに売れないことも多いからだ。ピンポイントで「東京都何区何丁目何番地の土地を欲しい」と思う人や企業がいない限り、手持ちの物件を売ることができない。そんな人や企業がタイミングよく現れてくれる保証はなく、加えて売買手数料が高いという問題もある。

一方のリートは証券なので、売り注文を出せば一瞬で売れる。いわば逃げ足が速く、お金が必要になったとき、すぐに現金化できるところがよい。リートには日本国内だけを対象としたもののほか、ヨーロッパやアメリカ、それらをひっくるめた先進国、全世界を対象にしたものなどいろいろな商品がある。なかでも最もリスクが低く、高リターンを期待できるのは先進国リートだろうと私は思っている。

さらにリスクを取っても構わないなら、コモディティ（商品）ファンドもある。コモディティには原油や小麦など、さまざまな銘柄があるが、いずれも単一で購入するのは大変なリスクを伴う。コモディティファンドはコモディティをインデックス化することで、リスクを分散化している。

代表的なコモディティのインデックスはMSCIコモデティイインデックスだろう。他にも、UBSやブルームバーグなどもコモデティイインデックスを発表している。これらに連動する投資信託もたくさん発売されている。（例：三菱UFJ国際投信―eMAXISプラス　コモディティインデックス）

実際に私が購入しているのは、これらのインデックスすべてである。

投資の基本は「勝つ」ではなく「負けない」

以上をまとめると、貯金の目減りを避けるだけなら物価連動債を購入するのがよい。給料日当日か翌日に物価連動債を購入していけば、インフレで実質的な資産価値が減少することはない。

さらに、もう少しリスクを取っていいなら、株や不動産、コモディティのインデックスファンドを買う。また株と不動産は、日本とそれ以外をバランスよく入れてもいいだろう。広く薄く投資をすればそれだけリスクを回避できる。例えば、日本株式インデックスよりは世界株式インデックス、リートも、一国のものより先進国や全世界にしたほうがいい。ただし、ダメになることが分かっている中国や、利上げの悪影響を受けそうな新興国を除きたければそれに対応した商品を探す。このあたりは好みの問題でもある。

投資でもう１つ重要なのは、毎月一定額を積み立てる、いわゆる「ドルコスト平均法」で行うことだ。毎月同じ額で買う場合、価格が高い時期から始めても安い時期から始めても、長い目で見れば結果はほとんど変わらない。大事なのは、できるだけ長い期間運用すること。「安くなってから始めよう」などと待つより、高い時期であっても買い始めたほうがいい。

5年、10年投資するつもりなら、タイミングを待つよりも一刻も早く買い始める。チャンスを伺って1年待つことになれば、その1年が無駄になる。

逆に、1つの銘柄を集中的に一度に買うことはお勧めしない。まぐれで成功するかもしれないが、小さな成功を何度か積み重ねると調子に乗った挙げ句、最後に大負けすることが多い。問題は大負けしたときそれまで積み上げた利益を吹き飛ばして余りあるマイナスになることがよくあるので注意が必要だ。

私がこの手の一点買い、集中投資で大儲けしたことは一度しかない。2章で述べたように民主党の野田佳彦政権から第2次安倍晋三政権に変わるタイミングで、解散総選挙が決まった瞬間から選挙投票日までの約1カ月、ほぼ毎日全力でインデックスファンドを買った時だけだ。

当時8000円台だった株は、2018年に2万4000円前後で売った。2021年に3万円を超えたので早まったかとも思ったが、相場格言に「頭と尻尾はくれてやれ」とあるので、この程度でも十分だろう。

投資の基本は「勝つ」よりも「負けない」ことにある。負けずに長く続けていれば、いつか必ずチャンスが来る。孫子の兵法でいう「不敗」の構えだ。「勝つ」と「負ける」には大きな差がある。その間の負けない状態というのが大事だ。

マイホーム購入は資産運用にならない

結局インフレ時代の資産運用術もデフレ時代とあまり変わらない。私はインデックスファンドを毎月一定額、長期間買い続けていく方法より良い方法は思いつかない。ところが周囲を見ると、わざわざ資産を減らしているとしか思えない金の使い方をしている人が多い。

資産運用という点で見たとき、日本人が最も錯覚しているのがマイホームだ。結婚する、あるいは子どもができたらマンションや一戸建てを買うというのが、日本人の典型的な人生設計だ。だが借金してマイホームを買うのは、資産を増やすことにはならない。確かに家賃を得したように錯覚するが、実際には違う。

マイホームはキャッシュを生まない。むしろ維持費は金利でキャッシュを食う。同じ家を買うなら、私なら借家を買うだろう。その家賃収入で家を借りて住む。もしくは大きなビルを建てて、その賃料で借金を全額返済、自分はタダで最上階に住める。そんなことができない限り、家を買うのはやめたほうがいいと私は思っている。

そもそもマイホームを購入すると、諸々の税金がかかる。不動産取得税、登録免許税、印紙税、消費税のほかに固定資産税や、場所によっては都市計画税も毎年かかる。これらの税金を払ったうえで、ローンで購入したなら金利と元本も返さなければならない。

それも35年ローンで金利が固定なら、いまのキャッシュフローを維持しないと生活が破綻する。キャッシュフローを維持するなら、現在勤めている会社を辞めるのは難しい。

勤務先は、いまは働きやすい職場でも、経営者が替わって突然ブラック企業に変貌することもある。私の知るある企業は、合併により経営者がたすき掛け人事で数年ごとに替わるようになった。その結果、一方から来た経営者の時代はいいが、もう一方から来た経営者は短期で株価を上げようと、営業に厳しいノルマを課すようになっている。

こうしたケースに限らず、いまは企業の経営環境が厳しい。いつ何が起こるかわからない。職場環境の激変により、体を壊したり精神に変調をきたすといったことは誰にでも起こり得る。

そうでなくても会社に運命を預けることになり、転職や独立といった選択肢が狭まる。本当は独立したいけれど、ローンを払いつづけるために諦めざるを得ないといったことも起こり得る。そう考えると、いまのキャッシュフローを維持しなければ返せないローンを組むのは危険すぎる。

変動金利で借りた人は、さらにリスクが高まる。デフレモードで低金利の時代はよくても、インフレ時代になれば金利が上がる。低金利で借りたつもりが、５年後、10年後には金利が3倍になっている可能性もある。もちろん、２０２３年に短期金利が急騰して住宅ローンの変動金利が急上昇することは考えにくいが、いずれ金利は上がる。その時に月々のキャッシュフローが破綻しないようにいろいろ考えておくべきだろう。

そもそも銀行が笑顔で近づいてくるときは、どこかに罠があると思ったほうがいい。「お客様は信用があるから、お貸しできるんです」などといった言葉を信じてはいけない。バブル期にその言葉を信じて多くの中小企業経営者が道を踏み外した。「必ずこちらを騙そうとしている」ぐらいの気持ちでいることだ。

すでにローンを組んでマイホームを購入した人には、金利が上がる前に繰り上げ返済することをお勧めしたい。確かに、住宅ローンの金利は市場金利に遅れて上がるので、計算上は借りておいた方が得なのは分かっている。しかし、巨額の元本を残したまま、世の中の変化に対応するにはかなり強力なメンタルが必要だ。少なくとも私にはそれがない。だから、住宅に伴う借金は、なるべく減らすことをお勧めしたい。

タワマンの購入は要注意

インフレ時代が始まり、都心部の地価はかなり上がってきているように見える。特に都心のタワーマンションの価格上昇が止まらない。日本には「タワマンは必ず上がる」という思い込みがあり、金融機関の融資基準が緩く、変動金利で頭金なしのフルローンで買えるケースも少なくない。バブル期と同じで、金融機関が「上がる」と思って貸すからさらに上がり、「やはり上がった」と確信がどんどん強まり、自己実現的な値上がりが起こっている可能性もある。

少し視点を広げて、世界の不動産価格の情勢を見てみよう。実は、世界的に不動産価格は伸びが鈍化し、一部では値下がりが始まっている。2022年11月20日の『日本経済新聞』は「住宅市場、世界で変調　利上げ影響、北欧は1割安　東欧では金融不安の兆し」

という記事を報じている。

世界の住宅価格が高騰から値下がりに転じた。スウェーデンなどではピークに比べ約1割下げ、米英独など主要国も夏場から下落し始めた。インフレを抑えるための利上げの「効果」でもあるが、世界で２５０兆ドル（約３・５京円）の規模の市場が急収縮すれば家計債務や金融機関への影響は避けられない。東欧などでは金融システム不安の予兆もみられる。

（中略）

ＵＢＳ（スイス最大の金融機関・筆者注）によると主要25都市の22年半ばの住宅ローン金利は、１年前に比べ２倍となった。「住宅価格はこれから顕著な調整が予想される」とみる。住宅ローン金利が上昇し、米国では30年物が７％と21年ぶりの高水準になった。住宅ローン申請件数は１９９７年以来の低水準に落ち込んでいる。

（https://www.nikkei.com/article/DGKKZO66144940Q2A121C2EA2000/）

２０２３年には日本でも同様の動きが起こるだろう。すでに11月には物価上昇率は２・

8％（コアコアCPI）を達成した。日本でもいずれは利上げが始まることは確実だ。そうなれば、世界を後追いする形で住宅価格は下がるかもしれないし、その時タワマンだけ例外とはならないであろう。

パワーカップルのタワマン購入をシミュレートしたら……

タワマンについては先日、友人の不動産会社社長から面白い話を聞いた。銀行が「パワーカップル」と呼ばれる、共働きで年収合計が1500万円を超える夫婦を対象に「1億円レバレッジキャンペーン」を行っているというのだ。購入対象はタワマンや豪華一戸建てだ。

彼らの行く末がどうなるかを住宅保証機構のシミュレーターを使って調べてみた。計算しやすいようにボーナス時の支払いはなし、保証料と手数料をそれぞれ2％ずつ計上、変動金利で当初2年は金利0・475％で1億円借りたとする。

インフレモードが定着し、仮に金利が1％程度上昇したとしよう。例えば、3年目から金利が1・5％に上昇したらどうなるか。月々の返済額は、25万8261円から30万33

９６円に上昇する。もし金利が２％まで上昇すると返済額はさらに増えて32万６９３０円、３％なら37万７０８３円だ。

ちなみに１９７０年代の住宅ローン金利は一番安い時で約５％、高い時は約10％だった。私の両親が１９８３年に小さな戸建てを買うときに組んだ住宅ローンですら、金利が７％ぐらいあったはずだ。

先ほどのシミュレーターで金利を６％に設定すると、月々の返済額は54万９８８７円にもなる。はたしてパワーカップルは払えるのか。

年収１５００万円なら、手取りは毎月70万～80万円といったところだろう。年利１・５％で月々の払いは約30万円。手取り80万円として50万円は残るから、それなりの生活ができる。だが６％なら55万円で、使えるお金は25万円になってしまう。

実際には、いきなり６％まで上がることはないが。仮に上がるとしても数年、場合によっては10年ぐらいかかるかもしれない。それでも、日銀が本気で利上げモードに入ると生活が厳しくなることは確かだ。インフレ時代において、これは十分起こり得る話だ。そもそも銀行がどんどん貸してくれる時点で、怪しいと思わなければならない。

かりに金利が１・５％まで上昇したら、それだけでもかなりの痛手になる。最初は楽勝に見せかけるのが銀行の得意技で、バブル崩壊時は当初の返済額を抑える「ゆとりローン」で誘惑した。それがいまはパワーカップル相手のレバレッジキャンペーンなのだ。やはりタワマンには近づかないほうがいいと私は思う。

ワンルームマンション投資は失敗しやすい

住宅関連で言えばマイホーム以上に危険なのが、ワンルームマンション投資だ。資産運用の中でも、私がとくにチャラい資産として認定しているのが、ワンルームマンション、仮想通貨、ＦＸの通称〝チャラ３〟だ。

それぞれ説明しよう。まずワンルームマンションだが、これはある意味、バブル時代のそごうや三越やヤオハンが行った錬金術と同じだ。インフレ時代は地価が上がると、企業は含み益が出るので、それを担保にさらに借金して、投資をする。１００万円借りて１００万円の土地を買い、それを担保に１００万円借りて、１００万円の土地を買うといった具合で、無限に土地を買って大きくすることができた。

最盛期には京王線の主な駅に、そごうがあったほどだ。私は学生ながらに、こんなにつくって大丈夫かと心配していたら、バブル崩壊ですべてが逆回転をしだすと、資金が持たなくなり経営破綻した。

逆に、デフレ期にうまく成長したのがイオンだ。出店に際し土地を買っていたダイエーに対し、イオンは借りるにとどめていた。これがイオンとダイエーの明暗を分けたと言われる。いまダイエーはイオン傘下に収まっている。

話をワンルームマンション投資に戻そう。この投資の場合、たとえば２０００万円でワンルームマンションを全額ローンで買い、その家賃で金利と元本を返済する。ある程度返済が進んだら、２軒目を同じスキームで買う。これを繰り返して物件をいくつも所有する人がいる。ローンは家賃で返済すればいいから、負担はほとんどないというが本当だろうか？

確かに買った部屋がつねに埋まっていれば、このようなビジネスモデルも持続可能だ。しかし現実には、そうはいかない。そもそも、日本ではワンルームマンションが余っている。空き室状態が半年も続けば、銀行の支払いが滞り破綻するリスクも高まる。ワンルームマンションを売ったとしても、売値は買値より当然安くなる。

大抵この手の投資話にはサブリースがセットになっていて、サブリース契約が外れると銀行ローンは即時に全額返済を求められるケースが多い。そんなお金はないので結局は売れない。結局、サブリース会社に泣きついて買い手を紹介してもらうしかない。そこで相場より安い値段を提示されても飲むしかない。何を隠そう、サブリースをしているのはマンションを販売した会社やその関連会社だ。紹介される買い手も高利回りを謳ってハメ込まれた次のカモなのである。

さらに、この手の物件は、建築コストも高いし、各種の手数料も割高だ。そして、これはこの物件以外にも当てはまるが、築10年以上ともなれば入居希望者がぐっと減り、家賃を下げざるを得なくなる。修繕コストもかかる。

ビル1棟を買って10部屋あるというならまだマシだ。1部屋が空いても9部屋残っているので返済計画も大きくは狂わない。地方にはそのような不動産オーナーも多いが、そうした地方の不動産オーナーがよくやる失敗が1棟貸しだ。

たとえばパチンコ店やカラオケ店に1棟を全部貸し出す。そのほうが手間がかからず楽だが、その店が出て行くことになれば、1棟が全部空くことになる。新たに1棟借りてくれるテナントを見つけるまで、そのビルからの収入がゼロになってしまう。これに対し、1フロアだけ、あるいは1フロアの一角だけ貸すようにすれば、そうしたリスクは減らせる。

いずれにせよ不動産投資は、それなりの資金力があり、物件数を持てる人ほど有利になる。お金がない人は成功しにくいことを覚えておいていただきたい。

ＦＸ投資は投資ではなくギャンブル

〝チャラ3〟の2つ目がＦＸだ。2022年に突如として始まった円安の流れの中、ＦＸで儲けた人も多いだろう。ＦＸは「外国為替保証金取引」のことで、為替差益で利益を得ようというものだ。

たとえば1ドル＝100円でドルを買い、150円になった時点で売れば、1ドルあたり50円の利益が出る。逆に150円で買って100円で売れば、50円の損失になる。

今回のように急激な値動きがあると、短期間でいっきに儲けることも可能だ。たとえば1ドル120円の段階で1万ドルを120万円で購入、150円で手放せば30万円儲けたことになる。

逆に損をした人もいただろう。148円のときに1万ドル買った人が、その後の円高に慌てて１４２円で売る。この場合の損失は６万円になる。

もっともこの程度なら、たいした話ではない。ＦＸの問題は、レバレッジだ。

ＦＸでは、証拠金の最大25倍まで取引が可能になる。たとえば証拠金として６万円を差し入れれば、１５０万円の取引ができる。わかりやすく1ドル＝１５０円で計算すると、6万円で1万ドルを購入できる。もし翌日にドルが１５２円になれば、１万ドルの価値は１５０万円から１５２万円になったわけで、１日で２万円上がったことになる。

つまり６万円で買った１万ドルで２万円儲けたことになり、日利にすれば33％。闇金融も真っ青な儲け方だ。

これが逆の場合だと、どうなるか。１ドル＝１５０円から一晩で１４０円になると、10万円のマイナスになる。預けている証拠金が６万円なら、４万円の借金をすることになるのだ。

もちろん、借金のリスクを回避するために多くのＦＸ業者はロスカットルールを設定している。これは証拠金に対して7～8割の損失が出た時点で自動的に反対売買を行い強制決済を行うというものだ。

たとえば６万円の証拠金で４万８０００円の損失が出た場合、自動的にドルを売り、決済してしまう。為替で言えば、１ドル＝１５０円から１４５円近くになったときだ。

これなら４万８０００円の損失を出したとしても、手元に１万２０００円残る。借金を背負うような痛手を被ることはない。破綻を防ぐために親切なルールでもあるが、逆に言えば円高が５円進んだだけで強制手仕舞いとなり、損失が確定する。

手持ち資金の25倍まで勝負できるＦＸは、一攫千金の可能性がある代わりに、一瞬で元手を失うリスクがある。健全な資産運用とは言えないので、これをメインに考えるのはやめた方がいいだろう。

仮想通貨で儲かる時代は終わった

３つ目の仮想通貨は近年マスコミで話題になることも多く、最も身近な〝チャラ３〟だろう。なかでも有名な仮想通貨がビットコインだが、値動きの激しさでも知られる。

２０１７年には、１月に８万４０００円ほどだった１ビットコインが、12月には２３０万円まで上昇、じつに30倍近く値上がりしたことになる。その後も乱高下を繰り返しながら、一時は７００万円台をつけた。

変動幅の大きさから仮想通貨に手を出す人も多いが、私は２０１８年1月で卒業した。理由の１つは、そもそも仮想通貨は通貨ではないことだ。ふだん我々が使っている通貨は「法定通貨」と呼ばれるもので、税金で払うこともできるし、銀行に持っていけば他の通貨と交換してもらえる。店で買い物もできる。

これに対し仮想通貨は、基本的に買い物に使えない。もちろん税金も払えない。一時、家電量販店のビックカメラがビットコインでも買えるとアピールして話題になったが、利用している人はほとんどいないだろう。あれだけ値動きが激しければ、とても安心して使えない。

しかもここへ来て仮想通貨の取引に欠かせないマイニング（採掘）を行う業者が、経営破綻しだしている。マイニングとは複雑な計算式を解くことで行われる。最も早く計算式を解いた人に報酬として、仮想通貨がもらえる。

この作業には大量の電力が必要で、電力が安いことを前提に成り立つ仕組みでもある。世界的な電気代高騰の中、経営が苦しくなってきているのだ。２０２２年11月には「豪上場仮想通貨マイニング企業、傘下2社に債務不履行通知」という報道もあった。

豪暗号資産（仮想通貨）マイニング企業Iris Energy Limited（アイリスエナジー・リミテッド）は7日、同社傘下のマイニング企業2社が、1億ドル以上の債務不履行通知を受けたと発表した。

同社は、3つの特別目的会社を所有しており、このうち2つが債務不履行通知を受けた形だ。アイリスエナジーが米証券取引委員会（SEC）に提出した書類によると、2社の融資残高は合わせて約152億円（1億3000万ドル）に上る。

（https://coinpost.jp/?p=405277）

電気代が高騰する一方、仮想通貨の価値も下がりマイニングのコストが賄えないという事態も生じている。そのような逆ザヤ状態では、破綻する業者が出るのも当然でコインデスクジャパンは「ビットコインマイナーの保有残高が減少、10カ月ぶりの低水準に」と報じていた。

（前略）

「ビットコインマイニング企業は今年、価格下落やエネルギー価格（および運用コスト）

の上昇によって収益が減少し、苦戦を強いられている。その結果、マイニング企業は保有するビットコインを大量に売却しており、過去6カ月間の大幅な純流出を招いている」とデータ企業のCryptoCompareは10月のレポートで述べた。

マイニング企業のBlockware Solutionsによると、ビットコイン価格が1万5000ドルに向けて下落を続けても、マイナーは必ずしもすぐにマイニングマシンを停止させるわけではない。

「多くのマイナーはPPA（買電契約）やホスティング契約を結んでおり、電力を使うか、追加料金を支払う必要がある。マイナーはビットコイン価格が上昇するか、廃業するまで、短期的には損失を出しながらマイニングを続けるだろう」とBlockwareの最新の週刊ニュースレターは記している。

（https://finance.yahoo.co.jp/news/detail/20221114-00185543-coindesk-bus_all）

一方で中央銀行によるデジタル通貨の発行計画は各国で着々と進んでいる。日本でも、日本銀行が「デジタル円」の発行に向けて、2023年から動きだすことが決まっている。2022年11月23日の『日本経済新聞』が「日銀『デジタル円』、3メガ銀と実証実験へ　23年春から」と報じている。

日銀が「デジタル円」の発行に向け、３メガバンクや地銀と実証実験を行う調整に入った。２０２３年春から民間銀行などと協力し、銀行口座での入出金といったやりとりに支障がないか検証する。災害時などを想定し、インターネットの届かない環境でも稼働するか確かめる。２年間ほど実験を進め、26年にも発行の可否を判断する考えだ。

（https://www.nikkei.com/article/DGXZQOUB21BRU0R21C22A1000000/）

つまり今後は中央銀行が、デジタル通貨を発行するようになる。価値は現在の円のまま、決済や送金における利便性は、より高まる。いまの仮想通貨が通貨としての利便性ゼロなのとは大違いで、デジタル円が出るとわかればビットコインなど仮想通貨を所有する意味はほとんどなくなってしまう。そう考えるとやはり仮想通貨には近づかない方がいい。

騙されないためには相場を知っておく

以上、資産運用における〝チャラ3〟を紹介したが、このようなものに投資する人の特徴に、ちょっとしたリスクを怖がるくせに、極めて高いリスクには鈍感という傾向がある。高利回りをうたう詐欺ファンドやマルチ商法のようなものにはどんどん騙されるのに、なぜかインデックス投信へのドルコスト平均法投資のような地道な方法には興味がない。なぜだろう？

そもそも高利回りをうたう商品は、総じて裏がある。不動産投資クラウドファンディングも、その一つだ。インターネットで投資家から資金を募り、不動産賃貸・購入し、得られた利益を分配する仕組みだが、対象物件をしっかり見たほうがいい。

どこかの地方都市に大きな街をつくるなどと称し、数百億円も集めたりしているファンドもあるが、どう見てもつくれるはずがない詐欺案件だ。

こうした業者は、みな誘惑がうまい。「この程度の利回りで満足してるんですか？」などと上から目線で近づいてくる。そういう業者には「あなたは自分の全財産でその商品を買っているんですか」と聞いてみるといい。絶対に買っていない。「そんなに儲かるなら人に教えないで、自分で買えばいいじゃないですか。いくら借金しても大丈夫じゃないですか。なんならお金を貸しますよ。５％で貸しますから、あなたは商品を買って、もっと儲けてください」などと言っても絶対に買うことはない。

では年利何％ぐらいなら、安心できる商品なのか。１つの目安になるのが『日本経済新聞』の株式指標だ。(https://www.nikkei.com/markets/kabu/japanidx/)

東証に上場している「プライム株」「スタンダード株」「グロース株」それぞれの情報が載っている。ちなみに3つの呼称は、それまでの「東証1部」「東証2部」「ＪＡＳＤＡＱ」などに代わる新しい区分で、２０２２年４月４日に変更された。

大まかに言えばプライム株は活発な売買が期待される大企業の株、グロース数は新興企業の株、スタンダード株はその中間にあたる。それぞれの区分について、時価情報や純資産倍率、株価収益率などが掲載されており、注目したいのは「平均配当利回り」だ。

たとえば２０２2年12月の配当利回りは、日経平均が２・27％、ＪＰＸ日経４００が２・12％、プライム全銘柄が加重平均で２・52％といった具合だ。これらを見れば、株を買うリスクを取った時の利回りは２・５％ぐらいが基準になるとわかる。

株の配当利回りを著しく超える利回りはまずありえない。そういうことをうたう商品は、まず疑ってかかる。

平均利回りが2・5％の時期に「8％は確実」などと言う奴はそもそも素人だし、信じる方はド素人だ。逆に、本当にそんな運用ができるなら、あなたから小銭を集めなくてもとっくに大金持ちになっているはずだ。

またドル建て保険など、海外で運用する商品の場合、まずはアメリカの国債利回りを調べる。たとえばブルームバーグの公式サイトには、アメリカ国債の現在の利回りを載せているページがある。(https://www.bloomberg.co.jp/markets/rates-bonds/government-bonds/us)

2023年1月5日現在、10年物のアメリカ国債利回りは3・68％である。これを知っておけば「利回り4％」などといった商品があっても、それが低すぎるとわかる。国債を買っても4％近い金利がつくのに、それよりもリスクの高い債券で運用する商品の利回りが4％ということはない。5％以上の利回りを期待できるのに、4％しかもらえないなら明らかにボラれている、ということになる。

国家が発行する国債は、最も信用力のある債券だから金利が最も低い。アメリカの大企業が出している社債なら、国債よりはるかに高い金利で購入でき、5％程度の利回りは当たり前だ。

ゼロ金利政策をとる日本なら利回りが１％でもかなりのものだが、アメリカではそうではない。海外の相場を知っておくことも大事だ。

運用で失敗しないために、もう一つ理解しておきたいのが、インカムゲインとキャピタルゲインの違いだ。インタムゲインは金利や配当金など、その資産を持つことによって得られる利益だ。一方キャピタルゲインは、保有する資産を売却するときに得られる利益だ。

たとえば去年買った株式を今年売却して、８％の利益を得たとする。１年で８％の利益を得たことになるが、その利益はその年限りのものだ。来年以降も継続して得られる保証はない。

また、１株当たりの利益を株価で割って出される数字を「株式益利回り」という。これは利益の利回りで、配当金とは関係ない。たとえ株式益利回りが８％だったとしても、会社がそれを配当金に回すとは限らない。借金返済にあてるかもしれないし、内部留保するかもしれない。

８％のうち５・５％を自社のために使い、２・５％を配当金にあてるかもしれない。そのあたりを混同して、おかしな営業トークに騙されないことも大事だ。

おかしな誘惑から身を守るには相場を知ることだ。その相場は先に述べたように『日経新聞』でもブルームバーグでも、公式サイトで無料で見られる。それらを見て相場観を養っておくことをお勧めしたい。

[著者略歴]

上念 司（じょうねん・つかさ）

1969年、東京都生まれ。中央大学法学部法律学科卒業。在学中は創立1901年の弁論部「辞達学会」に所属。日本長期信用銀行、学習塾「臨海セミナー」勤務を経て独立。2007年、経済評論家・勝間和代氏と株式会社「監査と分析」を設立。取締役・共同事業パートナーに就任（現在は代表取締役）。著書に『日本分断計画』（ビジネス社）、『あなたの給料が上がらない不都合な理由』（扶桑社）、『経済で読み解く日本史【全6巻】』『れいわ民間防衛』（以上、飛鳥新社）など多数。

編集協力：今井順子

何をしなくとも勝手に復活する日本経済

2023年3月1日　第1刷発行

著　者　　上念 司
発行者　　唐津 隆
発行所　　株式会社ビジネス社
〒162-0805　東京都新宿区矢来町114番地 神楽坂高橋ビル5階
電話　03(5227)1602　FAX　03(5227)1603
https://www.business-sha.co.jp

〈装幀〉中村聡
〈本文組版〉有限会社メディアネット
〈印刷・製本〉大日本印刷株式会社
〈営業担当〉山口健志
〈編集担当〉中澤直樹

ISBN978-4-8284-2490-3

日本分断計画

中国共産党の仕掛ける保守分裂と選挙介入

上念 司……著

進行する自民党政権潰し！ サイバー攻撃や影響力工作で、ばら撒かれる「情報ウイルス」。中国が操る言論テロをどう防ぐか。日本を守る大逆転の方策はこれだ！

本書の内容

限界系極右と限界系極左が融合する日！／「使える！」と膝を打つ外国の工作機関／「難視聴系ハイブリッド戦争」の究極形態／右翼の民族主義者が必ずしも愛国者ではない／孫氏の兵法の現代版アレンジ／日本の安全保障の現場を疲弊させる中国の策略／最初の一撃を古くからの「中国の友人」に撃たせる／極右勢力を煽って尖閣問題に火を付ける／陰謀論から帰還した「防人」が日本の強み

定価 1540円（税込）

ISBN978-4-8284-2323-4